Les carnets d'une coquette raisonnable

HÉLÈNE
MILLERAND

Les carnets d'une coquette raisonnable

recettes • adresses • réflexions

préface de
Geneviève Brisac

SEUIL
27, rue Jacob, Paris VIe

ISBN 2-02-017723-4

À Miquette
Pour Charlotte

Préface

Bâtonnets de buis, petites houppes japonaises en vraie marte, huile d'olive verte, miroirs flatteurs au tain usé, peignes Hercule pour le sac, poudre de riz, alcool camphré, pinces, brosses, ciseaux, flocons d'avoine qu'on roule dans un vieux linge pour le bain, macarons au chocolat, grands peignes africains aux dents écartées, mais pas d'oreillers qui donnent un double menton... *Les Carnets d'une coquette raisonnable* ont le charme des maisons et des marchés, celui des odeurs qu'on oublie, des saveurs que la vie moderne étouffe mais qui ne demandent qu'une minute d'attention, un regain de goût pour le temps donné aux choses, qu'on nomme aussi le temps perdu, pour s'épanouir tranquillement.

La coquetterie, avertit l'auteur, élevée au rang de règle, est un moyen parmi d'autres d'exister. Son livre, recettes, adresses, réflexions, en est l'hymne, ou plutôt la petite chanson, tenace, moqueuse, joueuse, et beaucoup plus profonde, comme le sont souvent les musiques ou les chansons, qu'il n'y paraît.

L'autobus 96 roulait vite, rue de Rivoli, quand j'ai commencé à lire ces carnets. Je lisais debout, appuyée à la vitre, avec l'inquiétude fascinée de celles qui savent qu'elles ne savent rien des peignes, ni des savons, ni des tissus, ni des adresses éternelles. J'avais la sensation d'ouvrir une malle dans un grenier, ou d'avoir découvert un passage secret, un monde doux, tressé de gestes fixes, précis et anciens. Un endroit retiré du monde et qui y redonnait justement accès, avec drôlerie et légèreté.

J'ai senti alors un regard.

Une femme lisait sur mon épaule. J'ai eu envie de refermer les carnets, parce que cette lecture me semblait d'un caractère intime. Mais au contraire, j'ai ralenti et tourné plus lentement les pages, pour la laisser m'accompagner. Cela devenait une complicité. Quelque chose d'amical et d'amusant. Car sous les dehors de la rivalité et du chacune-pour-soi, il y a dans les recettes de vie, de soins, ou de courses que raconte Hélène Millerand, la fantaisie et l'humour, cette distance à la fois précise et amusée qui sont le meilleur des complicités entre femmes.

Cette minutie, cette autorité, tout ce boulot, c'est un jeu. Un jeu de filles, comme il en existe dans toutes les civilisations où se transmettent encore objets et habitudes, trucs et rites, gestes qui ont fait leurs preuves, et qui ont la douceur des choses qui ont beaucoup servi.

Jeûner deux jours par trimestre, comme il est conseillé, avec du bouillon et des oreillers – les oreillers sont parfois de mise – et du silence, et un peu d'ombre, rideaux tirés, et pas de téléphone, c'est un jeu. C'est aussi de la sagesse, une incitation à la rêverie, le surgissement inattendu, apparemment futile, d'un épicurisme au féminin.

Il y a toutes sortes de coquettes, note Hélène Millerand. Des coquettes kitsch, et des coquettes modernes, des coquettes aventureuses, et des coquettes casanières, des coquettes rêveuses. Il y a même des coquettes qui s'ignorent, des coquettes à l'occasion, et chacune prendra ici ce qui l'amuse, pour voir ce qui lui convient. Car la coquette, contrairement à la superwoman, fait d'abord ce qui l'amuse et ce qui lui plaît.

La coquette d'Hélène Millerand sait ce qu'elle doit à sa mère, à ses grand-mères et aux mères de ses grand-mères. Aussi transmet-elle ce qu'elle sait d'expérience transmise. C'est une Parisienne méfiante et cependant légère, pétrie de caprices et d'esprit pratique, de bon sens et de sens des plaisirs de l'instant.

Les carnets d'une coquette raisonnable venue d'un autre temps et d'un autre continent seraient tout autres. Je ne peux m'empêcher de penser qu'ils auraient cette netteté particulière des règles de vie qui se savent mortelles et changeantes, ce qui n'a, au fond, aucune importance.

Ce qui importe, c'est la liberté qu'elles donnent, paradoxalement, façons de vivre, façons de faire, les espaces qu'elles ouvrent.

Quand tous les savoir-vivre sont perdus, il reste une vie hâtive et sèche, et plus rien n'est tellement amusant.

Ce qui est bon pour le corps est bon pour l'âme, note la coquette qui sait aimer ce qu'elle aime, et qu'il est bon d'aimer, comme il est doux d'être aimée pour ce que l'on est. Sa quête poétique et malicieuse rappelle d'autres inventaires, comme celui de Sei Shonagon, une dame japonaise d'il y a mille ans ou presque qui, déjà, établissait avec patience, modestie et une indéniable fermeté, de longues listes de choses, choses qui égaient le cœur, et choses qui le font battre, choses ravissantes, désolantes, enviables, ou qui rendent heureux, ou simplement choses rares, comme une pince à épiler en argent qui arrache bien.

Les Carnets d'une coquette raisonnable laissent dans leur sillage, outre une cohorte d'objets familiers qui réchauffent le cœur, ce même sentiment d'éternité que donnent les choses passagères.

Geneviève Brisac.

Les carnets d'une coquette raisonnable

COQUETTE :
1) Qui cherche à plaire aux personnes du sexe opposé.
2) Qui veut plaire par sa mise, qui a le goût de la toilette, de la parure.
3) Qui a un aspect plaisant, soigné.
Définition donnée par le *Petit Robert*, p. 391, nouvelle édition revue, corrigée et mise à jour en 1990.

C'est une coquette qui aime à prendre soin d'elle.

Elle pratique la coquetterie comme un art d'agrément. Passion douce qui lui prend beaucoup de temps, lui coûte un peu d'argent et lui procure des satisfactions que l'âge ne parvient pas à entamer.

C'est une dilettante qui s'adonne à son art par plaisir, une hédoniste qui prend pour principe de la morale la recherche du plaisir et de la satisfaction. Choses sérieuses entre toutes.

Délibérément cigale, il lui arrive de débusquer chez les fourmis les plus avérées des fonds de coquetterie parfaitement exploitables, malheureusement étouffés par des éducations dénuées de fantaisie. C'est pour elle un motif de contentement toujours renouvelé que d'amener à la coquetterie des adeptes nouvelles.

Puisqu'elle est née femme, elle a choisi de l'être et puisqu'elle a lu dans les livres que le prince charmant existe, elle s'est mise obstinément à sa recherche, au risque de le trouver.

Optimiste résolue, elle vient en général à bout d'une humeur maussade ou d'un petit chagrin par l'achat d'une paire de souliers, d'un joli jupon ou même en avalant une douzaine d'huîtres.

Telle qu'elle la conçoit, la coquetterie est une vertu dont elle ne saurait trop conseiller la pratique à celles qui se sentent des dispositions.

Elle ne prendrait pas la peine de répondre à ceux qui distraitement la taxeraient de futilité, ils seraient visiblement passés à côté de la gravité de la chose et il ne servirait à rien d'essayer de les convaincre.

Toilettes grandes et petites et soins particuliers

La grande toilette hebdomadaire

Elle aime, quand elle en a le loisir, faire d'interminables et minutieuses toilettes qui tiennent du rite autant que de l'hygiène.

Elle choisit un moment où la maison est tranquille, le samedi matin par exemple, quand les enfants sont à l'école et le mari au football, ou le soir quand tout le monde est assoupi devant la télévision, ou bien même quand tout le monde dort et que les bruits se sont tus.

Portes et fenêtres de la salle d'eau soigneusement fermées, elle ouvre en grand les robinets d'eau chaude et remplit baignoire, bidet et lavabo pour donner à la pièce l'atmosphère tiède et humide que requiert ce genre d'ablutions.

Elle rassemble sur un plateau les instruments et les produits nécessaires pour les avoir en permanence à portée de main, y compris quand elle sera dans son bain.

Les outils

Brosse dure à long manche amovible. Gant de crin. Lanière de crin. Éponge. Loofa. Pierre ponce. Pinces à épiler. Pinces à ongles. Bâtonnets de buis. Ciseaux. Rasoirs. Serviettes de coton blanc douces et usagées (vieilles couches de bébé de la marque Tetra, par exemple). Limes émeri. Râpe à cors et durillons.

Les produits
L'huile. Le savon. La poudre de talc. Le citron. Le bicarbonate de soude. Les flocons d'avoine. L'eau oxygénée. La vaseline. La crème dépilatoire.

Quand les carreaux de la fenêtre et les miroirs sont bien embués et que l'eau est fumante, elle se déshabille entièrement, attache ses cheveux dans un mouchoir, de manière à bien dégager le visage, et s'y met.

Le but essentiel des opérations qui vont suivre est d'atteindre à une grande douceur de la peau.

Brossage
Se passer à la brosse dure dont on aura pris soin auparavant de retirer le manche. La tenir bien en main, de la droite puis de la gauche et frotter tout le corps par petits mouvements vifs, circulaires et vigoureux. Insister aux coudes, aux genoux et aux talons, là où la peau est naturellement calleuse. Débarrasser à plusieurs reprises la brosse des particules de peaux mortes qui s'y accrochent. Une fois le corps entièrement brossé, on parfait la chose en l'époussetant soigneusement à l'aide d'une serviette nids d'abeilles parfaitement sèche et nouée en tire-bouchon.

Graissage
Avant d'entrer dans le bain ou de se mettre sous la douche, elle s'enduit consciencieusement d'un corps gras du menton jusqu'aux orteils. C'est à quoi en effet tiennent l'originalité et l'efficacité de cette toilette : le graissage vient avant le trempage. Le corps gras dépose un film sur la peau qui la protège des effets ramollissants de l'eau, en permettant toutefois une juste et salutaire hydratation. L'équilibre est parfait.

Pour ce faire, l'huile d'olive vierge est le produit idéal, gras sans être par trop visqueux. Elle la choisit demi-fruitée, pour que l'odeur ne soit point trop tenace et qu'un très léger savonnage l'en débarrasse.

Trempage

Pour cette longue toilette, le bain est, si cela est possible, préférable à la douche. Il favorise une longue station dans l'eau, incite à s'attarder, à se détendre, à procéder à de menus soins, malcommodes sous le jet.

Il est très chaud, fumant. Elle emploie deux moyens avérés et économiques pour adoucir l'eau quand elle est calcaire, ce qui est un désastre pour la peau. Soit elle jette dans l'eau du bain 400 ou 500 g de bicarbonate de soude (dose pour une baignoire de taille standard), soit, et c'est tout à fait délicieux, elle noue dans un linge usagé une bonne poignée de flocons d'avoine, qu'elle malaxe et triture soigneusement. Il en sort un lait qui fait une peau de reine. Elle se passe le chiffon sur le visage et le corps.

Massage
L'effet de détente procuré par l'eau chaude et la station allongée est propice à un automassage efficace.

Bras croisés sur la poitrine, elle pétrit longuement de la main opposée épaule, haut du bras et base de la nuque, puis de la même manière, mais coudes aux oreilles, elle travaille la base du crâne, le cou dans toute sa longueur et l'attache du cou aux épaules. Elle n'hésite pas à insister sur ce mouvement, même s'il entraîne des douleurs. Cette partie du corps est souvent tendue et crispée ; crispations qui se reflètent sur le visage même.

Elle se masse les mollets et les cuisses de façon plus rustique, par pressions et pincements.

Elle s'attarde aux pieds qui, sur leur petite surface, supportent tout son poids et qui, de plus, sont malmenés par les chaussures féminines. Elle triture fermement les talons ; du gras du pouce de la main elle écrase la plante des pieds du talon vers la pointe en suivant la cambrure avec précision et sur toute la longueur ; un à un elle masse les coussinets placés juste à l'avant des orteils sous la plante du pied ; elle tire sur chacun des orteils comme pour les déboîter et les fait tourner sur eux-mêmes, aller et retour, plusieurs fois.

Sans pitié, des deux mains elle s'attaque au pli du ventre, elle le pince vigoureusement et le malaxe pour déloger la cellulite qui s'y installe.

Ponçage
Elle frotte à la pierre ponce la corne des talons, celle des coudes et celle des genoux.

Rasage
C'est dans son bain qu'elle se rase les jambes. Si le rasage est effectué soigneusement, une fois par

semaine suffit et, contrairement à une opinion répandue, cette méthode ne favorise pas une repousse du poil plus abondante et plus drue. Il est vrai que cette pratique ne rapporte rien aux vendeurs de crèmes, mais pour la demi-jambe elle est bien suffisante ; et les retouches sont aisées.

Savonnage

La peau ainsi soignée n'a plus besoin que d'un léger savonnage, qui aide à ôter les restes de gras, et d'un bref nettoyage à l'aide d'un pain dermatologique dont l'avantage sur le savon ordinaire est de n'être pas décapant.

Rinçage

Elle vide l'eau du bain qui est savonneuse et chargée des résidus de poils et de particules de peau. Debout dans la baignoire, elle se rince au jet : d'abord une douche tiède et douce sur tout le corps et dans les plis et les replis, puis au jet plus fort une douche froide dirigée sur les seins, le ventre, les cuisses et les fesses. Elle s'habitue à la douche froide, dont les effets bienfaisants sur la fermeté du corps sont évidents, en se mouillant d'abord d'eau froide les pieds et les mains. Cette précaution rend l'opération beaucoup plus supportable.

Séchage

Elle prend pour commencer une serviette éponge et procède par tamponnements pour absorber le gros de l'humidité et éviter les frissons inhérents à l'immobilité que confère l'usage du peignoir de bain (lequel a par ailleurs de grands avantages que nous verrons plus loin). Elle se sert ensuite d'une serviette de fil pour les aisselles, la nuque, le pli du coude, celui des genoux, l'entre-cuisses et les pieds, toutes places enfin susceptibles de retenir des restes d'humidité et d'entraîner des gerçures et des rougeurs. Elle parfait le tout en se poudrant abondamment avec une grosse houppette réservée à cet effet.

Ultime polissage
Cette opération s'effectue du plat de la main et du bout des doigts, par petits mouvements circulaires et appuyés. Il s'agit de se débarrasser des peaux mortes qui ont résisté aux étapes précédentes. Elles cèdent sous cette dernière pression, et l'on s'en débarrasse d'un revers de paume comme l'on ferait de grains de poussière.

Épilation des aisselles et des bords du pubis
Elle ne se rase pas les aisselles, mais en coupe ras les poils, aux ciseaux à bouts retournés, comme ceux dont se servent les hommes pour se couper les moustaches. En revanche, les bords du pubis sont épilés à la crème dépilatoire. Ces régions sensibles ne supportent pas le feu du rasoir.

(A la belle saison, l'épilation des demi-jambes et du maillot est à confier à une professionnelle.)

Petites moralités relatives au bain et à la propreté

Elle aime l'odeur du propre sur les gens et sur le linge.
Elle aime le propre comme elle aime le matin, les rues vides et l'air frais.
Quand elle vient de bien se laver, elle se sent jeune et conquérante.

Si elle est triste, elle prend un bain.

Une femme sale lui fait de la peine, un homme sale n'a aucune chance de lui plaire (un homme trop soigné non plus).

Se méfier du blanc de sommeil qui se loge aux coins des yeux, il échappe quelquefois à une toilette minutieuse.
Comme un bébé, il faut se laver les narines, les oreilles et le nombril tous les jours avec un coin de gant de toilette ou un peu de coton tourné.
Chez un adulte, les ongles sales lui soulèvent le cœur, sauf si elle a affaire à quelqu'un qui travaille de ses mains.

Certains bourgeois tiennent à leur crasse comme ils tiennent à tout ce qui leur appartient.

Le bain favorise la méditation, la douche prépare à l'action. Il y a les tenants du bain et ceux de la douche. Elle se range dans le camp des uns ou des autres selon l'humeur du moment.

Le Teint Cadum
Savon Cadum
MARQUE DÉPOSÉE
Cadum
Bonheur
1938

La toilette ordinaire du matin

Ordinairement, elle dispose les matins de semaine d'une demi-heure à trois quarts d'heure pour se préparer.

Elle passe au moins deux vraies minutes à s'étirer avec application. Demeurée au lit, elle étire aussi loin que possible, et en même temps, bras droit et jambe gauche, puis bras gauche et jambe droite, trois fois chaque et bien à fond. C'est l'étirement en diagonale qui donne à ce mouvement anodin en apparence toute son efficacité. Il a pour but non seulement de dérouiller le corps ensommeillé, mais aussi d'éviter de passer sans ménagement à la station debout. La brutalité irréfléchie avec laquelle beaucoup d'entre nous se lèvent le matin est la cause de toutes sortes de petits malaises vaso-moteurs que l'on peut observer dans une journée chez quelqu'un qui, par ailleurs, se porte bien, sans parler des accidents graves que cela provoque chez les gens fragiles du cœur. (Une proportion importante des attaques cardiaques se produit à ce moment de la journée par un saut du lit irréfléchi.) Une bonne journée commence en douceur, en reprenant lentement et amicalement possession de son corps.

Cette précaution agréable et nécessaire accomplie, elle passe dans le cabinet de toilette qu'elle

réchauffe l'hiver en faisant couler l'eau chaude en abondance et dont elle ouvre grand la fenêtre à la belle saison pour profiter de l'air frais du matin.

Pour se réveiller tout à fait, elle plonge son visage à plusieurs reprises dans le creux de ses mains rempli d'eau à peine tiédie. On n'a, jusqu'à nouvel ordre, rien trouvé de mieux pour se défriper le visage. Elle se sèche délicatement avec l'un de ces linges usés déjà mentionnés (couches usagées, linge récupéré au marché aux puces ou en provenance d'héritage : le linge ancien n'a pas son pareil. Il convient de le faire bouillir avant de l'utiliser).

Du bout des doigts, elle effectue quotidiennement un mini-massage fait de mini-mouvements, tapotements du front, des joues et du cou, pincements des pommettes, des maxillaires, tiraillements du lobe de l'oreille et bref décollement du cuir chevelu, des racines à l'occiput. Le tout exécuté les deux mains ensemble et symétriquement.

Pendant ce temps, le tub a coulé : fond de baignoire ou de baquet dans lequel elle s'accroupit, se savonne énergiquement et se douche à l'eau chaude, puis tiède, puis froide selon les principes exposés précédemment.

Délaissant définitivement le peignoir qui la fait frissonner, elle se sèche dans une grande serviette éponge et se frictionne au gant et à la lanière de crin : l'effet coup de fouet est garanti. Le déodorant sous les bras est obligatoire, de même la poudre, pour absorber les moindres traces d'humidité et faire la peau douce.

En toutes circonstances, qu'elle ait traîné au lit, qu'elle soit outrageusement en retard ou que l'envie lui manque :

1. elle se met sur le visage une crème grasse en hiver (le gras protège la peau du froid) et une plus légère pendant les autres saisons ;

2. elle se frictionne le cuir chevelu avec une lotion capillaire ;

3. elle se brosse les dents deux minutes montre en main, avec de préférence une brosse à dents électrique, de haut en bas pour les dents de devant, mâchoires rapprochées et presque fermées pour les dents du fond.

Si, au contraire, elle dispose d'un peu de temps, elle s'enduit le corps avec une préparation domestique simple, économique et efficace dont les proportions de base sont les suivantes :

- 1 cuillerée à soupe d'huile de paraffine,
- 2 cuillerées à soupe d'huile d'amandes douces,
- 7 cuillerées à soupe d'huile de maïs.

Dans cette hypothèse, elle ne se poudre le corps qu'après cette onction.

Il est alors temps d'aller prendre le petit déjeuner, le maquillage viendra plus tard.

La toilette ordinaire du soir

La toilette du matin réveille, celle du soir délasse.

Porte palière refermée, manteau suspendu, sac et cartable déposés, elle détache tout ce qui serre – lacets, ceinture, agrafes –, ôte ce qui pèse – collier, bracelets, boucles, broche – et fait couler cette fois un grand bain très chaud dans lequel elle fait fondre une demi-livre de gros sel marin gris non raffiné, car les bains salés reposent. C'est un bain pour barboter sans penser à rien dans lequel elle reste aussi longtemps que possible. Elle se masse la nuque, elle frotte ses pieds fatigués, elle se savonne doucement et longuement, elle s'endort presque.

Séchée à la serviette, c'est alors qu'elle apprécie le gros peignoir éponge dont elle s'enveloppe et qui, dans la circonstance, prolonge les bienfaits du bain salé et de la chaleur de l'eau. Si possible, elle s'allonge une dizaine de minutes avant de reprendre ses activités.

Elle brosse ses cheveux le soir pour les débarrasser de la poussière, ce qui lui demande un petit regain de vigueur. Elle se démaquille avec un tampon d'ouate imbibé pour partie d'huile de jojoba, pour partie d'une eau florale de son choix. Elle se rince avec un autre tampon d'ouate mouillé d'eau tiédie additionnée d'une pincée de bicarbonate de soude. Le tour est joué : lavée, propre et sentant bon le savon, sa soirée s'annonce paisible et sa nuit réparatrice.

Si elle a de jeunes enfants, elle attendra qu'ils soient endormis pour commencer sa toilette. Elle peut alors raisonnablement espérer ne pas être dérangée.

Coquette et coquettes

La coquette raisonnable aime la compagnie des autres coquettes. Elle a plaisir à voir une femme aimable tirer de son physique un bon profit, à échanger avec elle des recettes, des adresses, des conseils.

L'échange entre les coquettes est infini, il ne connaît pas les obstacles ordinaires de l'âge, de la classe sociale, de la race, etc. Comme les juifs, les pieds-noirs, les Auvergnats et les francs-maçons qui, à ce que l'on dit, se reconnaissent entre eux, les vraies coquettes, qui sont plus rares que l'on ne pense, se reconnaissent au premier coup d'œil. Elles ont toujours quelque chose à se dire.

Deux vraies coquettes sont deux compères, ferrés sur leur sujet, parlant vêtements, allure et produits de beauté avec compétence, comme discutent entre eux pêcheurs à la mouche, collectionneurs de

timbres ou aficionados. A l'évidence, il s'agit de choses sérieuses.

Le plaisir de parler entre experts l'emporte largement sur une éventuelle rivalité. Il est rare qu'une coquette marche sur les brisées d'une autre. Ça n'est pas ce qui l'amuse, car personne mieux qu'elle ne sait que chacune a son style, que ce qui va à celle-ci ne va pas à celle-là, et chacun sait aussi que deux jolies femmes se mettent en valeur l'une l'autre.

Les discussions de beauté n'entraînent pas nécessairement les confidences. La coquetterie est une spécialité qui se suffit à elle-même. Entre gens qui connaissent leur sujet.

Il n'y a qu'une coquette pour partager avec une autre coquette les émotions de coquetterie. Ni une sœur chérie ni une amie de cœur, si elles ne montrent pas de disposition pour la discipline en question, ne peuvent faire l'affaire, ni l'homme aimé. Il faut toutefois rendre cette justice à l'homme amoureux : il possède une intuition inarticulée mais réelle sur ce qui sied à l'objet de son désir. C'est du reste un bon test sur l'état de sa flamme. Celui qui, systématiquement, vous aime dans des tenues désavantageuses est à mettre au placard.

Pourtant, la solitude sied aussi à l'exercice de la coquetterie pure. Soit toilettes et soins, soit achats, ces deux situations demandent de la concentration et un jugement non troublé par des avis venus de l'extérieur. Si bien que deux coquettes qui aiment à deviser entre elles iront chacune de son côté repérer une robe, un manteau, un parfum, quitte à demander dans un deuxième temps un avis qui, en tout état de cause, ne saurait être que consultatif.

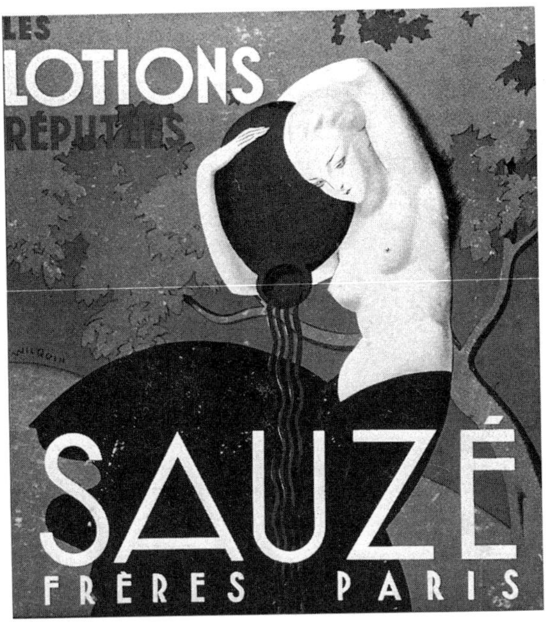
LES
LOTIONS
RÉPUTÉES
SAUZÉ
FRÈRES PARIS

Produits et outils nécessaires aux toilettes petites et grandes

PRODUITS

Les huiles

Huile de jojoba pure
Pour se démaquiller les yeux : deux gouttes sur un petit bout de coton.

Pour se démaquiller le visage entier : coupée pour moitié d'une eau florale (bleuet, oranger, hamamélis ou rose, selon le type de peau).

Pour un massage du visage, des mains, des coudes et des genoux : quelques gouttes sur le bout des doigts.

C'est une huile coûteuse mais riche et remarquablement visqueuse, ce qui permet de n'en user que par très petites quantités. Un quart de litre dure des mois sans rancir.

Elle l'achète chez Robin des Bois, boutique écologique tenue par des défenseurs des baleines, 15, rue Ferdinand-Duval et 35, rue du Bourg-Tibourg, à Paris dans le 4e arrondissement.

Huile d'olive verte
Elle s'en sert pour la friction du corps avant le grand bain, pour les soins fréquents des mains et des ongles.

L'huile d'olive verte est réputée plus nourrissante que la noire. Elle l'achète vierge et de première pression à froid à L'Olivier, 23, rue de Rivoli, à Paris dans le 4e arrondissement et au Soleil du Midi, 6, rue du Cherche-Midi, dans le 6e arrondissement. Dans ces deux boutiques, qui vendent leur propre marque, la qualité est particulièrement bonne ; toutefois on trouve dans les grandes surfaces des huiles tout à fait satisfaisantes. La condition essentielle est que la mention « première pression à froid » figure en toutes lettres sur l'étiquette.

Les eaux florales

– de bleuet pour les yeux,
– de rose pour les peaux grasses,
– d'hamamélis pour les peaux sèches et sensibles,
– de fleur d'oranger dans tous les cas.

Elle les achète en pharmacie, dans des flacons de verre bleu où elles se conservent longtemps. La fleur d'oranger se trouve aussi chez l'épicier.

Huiles et eaux, et tous les produits naturels en général, se gardent mieux dans l'obscurité d'un placard.

Les savons

Tous les pains dermatologiques

Pour le visage et pour le bain. Ils ont l'inconvénient de coûter cher et de fondre vite. Ils ont l'avantage d'être doux pour la peau et de ne pas l'abîmer.

Le savon de Marseille

Il a une odeur forte, mais lui non plus n'abîme pas la peau, et il ne coûte pas cher.

Le savon Rogé-Cavaillès surgras

Vieux produit qui a fait ses preuves depuis les années trente. Il est sans parfum ; sa mousse est onctueuse. Il décape un peu plus qu'un pain dermatologique, mais il est en général très bien toléré. De plus, il fond lentement.

Les savons parfumés
Elle les utilise pour se laver les mains et surtout pour l'odeur qu'ils laissent dans la salle de bains.

« Iris » et « Géranium » de Guerlain.

« Rose thé » et « Lys de France » de Bourjois, dans les grandes surfaces.

« Œillet mignardise » de Roger et Gallet.

Elle en met quelques-uns dans ses armoires (sortis de leur boîte, ils embaument le linge mieux que ne le font les sachets destinés à cet usage).

Les poudres

Poudre de talc
Talc officinal, talc neutre dit « de Venise » et Minéraline Baud, pour calmer les rougeurs et les irritations. En vente en pharmacie.

Poudres parfumées
Voir à la rubrique « Parfums ».

Elle a en permanence à sa disposition des citrons non traités, du bicarbonate de soude, de l'eau oxygénée et des flocons d'avoine de la marque Quaker Oats.

A l'exception des savons de chez Guerlain et de l'huile de jojoba, il s'agit de produits courants faciles à se procurer.

OUTILS

A l'inverse des produits, les outils sont plus difficiles à rassembler, car la coquette raisonnable est sur ce chapitre intraitable, elle les veut parfaits. Elle investit au départ une mise de fonds non négligeable, compensée du reste par le long usage qu'elle fera des objets en question.

Gant et lanière de crin

Le crin ne doit pas être blanc, mais chiné gris et beige, ce qui indique la qualité de sa provenance et qu'il ne se ramollira pas au moindre contact avec l'eau. Son tricotage est serré. Le crin doit, dans un premier temps, être extrêmement rêche. Ces conditions réunies garantissent une utilisation satisfaisante pour plusieurs années (quatre à cinq ans, voire davantage).

Chez Old England, 12, bd des Capucines à Paris dans le 9e, le crin est irréprochable.

Il l'est également à la grande pharmacie Bailly, rue de Rome, près de la gare Saint-Lazare, et à la pharmacie Caron, 24, rue de la Paix. Ces adresses ne sont pas exclusives, on trouve des articles de bonne qualité dans de nombreuses pharmacies. En revanche, les articles offerts par les Grands Magasins sont le plus souvent médiocres.

Un crin de bonne qualité accepte les brefs contacts avec l'eau. Aucun, même le meilleur, ne supporte de longues immersions. C'est un instrument de friction, à utiliser de préférence – c'est là qu'il est le plus efficace – sur peau sèche.

La friction au gant ou à la lanière de crin non seulement permet d'obtenir une peau douce, mais aussi, en cas de fatigue ou de contraction musculaire, procure un véritable bien-être.

Brosses

Brosse à manche amovible pour le dos et la friction du corps : en sanglier bien dur, monté à la main sur des supports plastiques de bonne qualité (les longues stations dans l'eau que suppose leur utilisation font pourrir les montures de bois). Marque Isinis, en pharmacie et dans les Grands Magasins.

Brosse à ongles : même principe que la précédente, sanglier et plastique. Même marque également, mêmes points de vente.

Brosse à visage : douce, en soies de porc et montée sur bois. On ne la mouille jamais, car elle ne sert qu'à brosser le visage pour y faire circuler le sang et irriguer l'épiderme afin de lui donner un joli teint.

Brosse à cheveux : sanglier pour cheveux abondants et épais, soies de porc pour cheveux fins et peu volumineux.

Les bonnes brosses sont coûteuses. Là encore, Old England est une bonne adresse. De toute façon, s'en tenir aux marques françaises ou anglaises, avec une préférence pour les marques anglaises : Kent, par exemple.

Pinceaux

Pinceau moyen pour poser le fard à joues : en marte exclusivement, monté sur bois.

Gros pinceau pour égaliser et enlever le surplus de poudre : voir ci-dessus.

Houppettes

Deux possibilités : la grosse houppette de cygne, au rayon parfum des Grands Magasins, ou les somptueuses houppettes japonaises, en poil de marte, montées sur un manche de bois précieux, court et large, chez Kimonoya, 11, rue du Pont-Louis-Philippe, à Paris dans le 4e arrondissement.

Peignes

Les peignes en fer de la couronne suédoise : excellents, inusables, faciles à nettoyer et totalement électrostatiques. De l'avis de la coquette raisonnable, ils sont préférables à tous les autres peignes.

Les peignes d'inspiration africaine à longues dents écartées : à utiliser par des coquettes à cheveux épais, bouclés ou crépus ; ils démêlent sans écraser les mouvements naturels de la chevelure.

Les peignes Hercule : marque allemande, en caoutchouc dur, faits à la main, vendus en pharmacie.

Les outils coupants et tranchants

Plus encore que les outils à poils, les outils d'acier qui coupent et pincent exigent d'être impeccables. Elle les choisit de la meilleure qualité : ils sont supposés durer toute une vie de coquette.

Ciseaux courbes à lames larges, ciseaux droits et fins, fortes pinces à ongles, petites pinces à peaux, pinces à épiler, rasoirs.

Les meilleurs couteliers sont, dans l'ordre, les Suédois puis les Allemands.

Trois bonnes adresses à Paris :

– Peter, 191, rue du Faubourg-Saint-Honoré, dans le 8e arrondissement : prix exorbitants, qualité inégalée.

– Kindal, 33, av. de l'Opéra, dans le 2e arrondissement : cher et excellent.

– Old England : satisfaisant.

A éviter : les marchandises proposées dans les pharmacies et dans les Grands Magasins, toujours décevantes.

Autres produits nécessaires aux toilettes ordinaires du soir et du matin

Huile de paraffine et *huile d'amandes douces :* en pharmacie.

Huile de maïs : épicerie et rayons d'alimentation des Grands Magasins et des grandes surfaces. Mention « non chauffée » obligatoire.

Gros sel de mer non raffiné : épicerie et grandes surfaces, provenance Guérande ou Noirmoutiers.

Crèmes pour le visage :
Pour l'hiver et l'automne, des crèmes riches et couvrantes : crème vitaminée de chez Roc, en pharmacie ; crème rafraîchissante de Détaille, « Sur la Place », place Saint-Sulpice, dans le 6e à Paris. (La liste des dépositaires peut être demandée à la maison mère au n° 5 de la rue Saint-Lazare à Paris.)

Pour le printemps et l'été, des crèmes plus légères : Ethnoderm en pharmacie, et en général toutes les crèmes des laboratoires Soras, Filaderme, Embryo-Lisse, etc. Produits peu chers et remarquablement efficaces.

On peut aussi, en été, utiliser du « baume automobile » de chez Détaille. Les produits de cette maison sont coûteux, mais ils sont bons et il suffit d'en mettre de très petites quantités ; de plus, ce qui ne gâte rien, les flacons sont très décoratifs sur une table de toilette.

La
REINE
DES
CRÊMES
INCOMPARABLE
CRÊME
DE
BEAUTÉ
PARFUM SUAVE
Donne un Teint
Merveilleux
PARIS FRANCE
REINE
DES
PARIS FRANCE

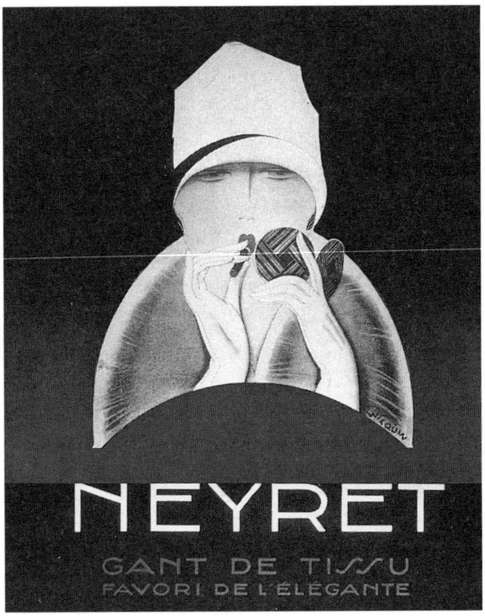
NEYRET
GANT DE TISSU
FAVORI DE L'ÉLÉGANTE

Soins et beauté de la figure

Nettoyage

Sans cesse exposé à l'air, au soleil et aux intempéries, le visage est fragile. Il exige des soins doux et précautionneux qui, à eux seuls, demandent autant de temps que la grande toilette.

Le bain de vapeur

Dans une cuvette, elle jette une poignée d'herbes quelconques, ce qu'elle a sous la main – tilleul, eucalyptus, thym, peu importe –, sur laquelle elle verse une grande casserole d'eau en ébullition, afin d'obtenir une infusion fumante. Auparavant, elle a pris soin de se mettre en peignoir, le cou bien dégagé, et elle a posé la cuvette sur une table devant laquelle elle pourra s'asseoir. Elle choisit pour l'opération une pièce chaude qui ne craint pas la vapeur : cuisine ou salle d'eau.

Elle s'assied confortablement et se penche au-dessus de la cuvette fumante, la tête et les épaules recouvertes d'une serviette éponge, et demeure ainsi le temps que l'infusion refroidisse et qu'il ne s'en dégage plus de vapeur.

Elle se tamponne alors le visage avec un linge fin sans le sécher tout à fait. L'épiderme est prêt pour une très légère abrasion qu'elle effectue avec une éponge synthétique à fines bouclettes, qui, sans irriter, enlève crasse incrustée (il y en a toujours, aussi soigneuse soit-elle), peaux mortes et comédons. L'abrasion se fait par petits mouvements tournants, en insistant sur les ailes du nez, les tempes et autour de la bouche.

Cette opération a lieu une fois par semaine, elle fait la peau lisse et propre et empêche l'installation insidieuse des points noirs.

Elle profite de l'amollissement de la peau pour s'épiler les sourcils et tout autre poil indésirable. Les places à épiler sont passées à l'alcool à 90° avant et après. La pince à épiler fait l'objet d'un choix minutieux, comme on l'a vu plus haut à la rubrique « Outils ». Les lames en sont à leur extrémité recourbées quasiment à angle droit de façon à saisir sûrement le poil sans le casser. En effet, un poil cassé à la racine est aussi vilain qu'un comédon.

L'extraction des points noirs qui résistent à l'éponge synthétique est une affaire délicate. Ils doivent normalement céder à la pression des deux index formant pinces. Si toutefois ils résistent, mieux vaut abandonner plutôt que de provoquer un saignement qui laissera une trace rouge fort longue à disparaître et plus visible encore.

Onction et massage

En l'occurrence, onction et massage sont confondus.

Le massage du visage se fait du bout des doigts enduits d'huile de jojoba ou d'huile d'amandes douces (avec une nette préférence pour l'huile de jojoba quand elle peut s'en procurer. Elle est à la fois plus visqueuse, moins grasse et mieux absorbée par la peau).

Front

Des deux mains, de l'index et du majeur posés au milieu du front, juste au-dessus du nez, elle dessine lentement la ligne de ses sourcils jusqu'aux tempes, et remonte de la racine des cheveux jusqu'au sommet du crâne, en appuyant fortement et en fermant les yeux. Gestes à répéter quatre fois.

Nez et pommettes

Toujours des deux mains et de l'index et du majeur posés sur l'arête du nez, elle se lisse les ailes du nez et les pommettes jusqu'aux tempes, lentement et en appuyant comme si elle voulait se tendre la peau sur les os. Geste à répéter quatre fois.

Menton et maxillaires

Avec les mêmes doigts, des oreilles jusqu'au menton et retour, elle trace des petits cercles tout au long du maxillaire. Geste à répéter quatre fois.

Bord inférieur des paupières
Elle le lisse depuis la base du nez jusqu'au coin extérieur de l'œil, avec un index qui se fait léger comme une aile de papillon. Geste à répéter deux fois.

Lèvre supérieure
Des deux index elle dessine une fine moustache bien retroussée aux commissures. Geste à reprendre quatre fois.

Ce massage serait très bien toléré tous les jours. Elle le fait en tout cas une fois par semaine, plus quand elle en a le loisir.

Maquillage

La coquette est ainsi faite que de sa bonne mine dépend pour une bonne part sa bonne humeur.

Donc, quand le besoin s'en fait sentir, ce qui arrive de plus en plus fréquemment au fil des années, jusqu'à devenir tout à fait quotidien, elle se fabrique une bonne mine devant sa glace.

Le maquillage de ville, qui intéresse la coquette par opposition au maquillage de scène, est l'art du semblant, de la nuance et de l'estompe. Si un teint terne est triste, une pommette vermillon l'est aussi. Histoire de subtilité, de choix des couleurs, de maniement des pinceaux, des brosses et des houppettes.

Après la toilette du matin, telle qu'elle est décrite plus haut, et la pose de l'indispensable crème hydratante, le visage est prêt pour le maquillage.

Anticerne
A poser d'abord, au pinceau à lèvres, par très légères touches bien estompées du bout du doigt, au coin de l'œil à l'amorce de la paupière et du dessous de l'œil. Le choisir d'un bistre pâle pas trop clair.

Fond de teint
La coquette ne l'utilise pratiquement pas, sauf désastre absolu. Elle n'aime ni l'effet pâteux de ce produit, aussi fluide soit-il, quand il est uniformément passé sur le visage, ni les amas qui se forment inévitablement sur les paupières ou dans les rides du visage et du cou. Un fond de teint clair peut, en revanche, être utilisé avantageusement comme anticerne par touches subtiles aux endroits stratégiques où le visage se creuse.

Poudre
La coquette est grande consommatrice de poudre de riz, matière aérienne, facile à doser et à estomper, qui veloute, satine et donne de l'éclat à la peau. Elle la pose abondamment sur le visage, le cou et l'amorce des épaules avec un gros tampon d'ouate souvent renouvelé. Elle enlève le surplus avec un gros pinceau de marte ou une houppette

japonaise, de marte également, de sorte que la poudre ne s'amasse ni dans le duvet ni dans les rides de vieillesse ou d'expression.

Rouge à joues
Emblème des coquettes depuis toujours, il est mis avant la poudre pour jouer le naturel au maximum. Choisi en petits pots de poudre pressée, elle le pose au pinceau de taille moyenne sur les pommettes en remontant jusqu'à la racine des cheveux, sur le lobe des oreilles et elle effleure le menton et le front et même le bout du nez. Il est estompé avec un papier de toilette quelconque. La nuance est choisie en accord avec le teint de la coquette en évitant soigneusement les teintes violacées.

Les yeux
Outils et produits nécessaires : poudres et crayons de couleur, mascara et brosse à dents à petite tête, l'une en soies de porc, l'autre en sanglier.

Les poudres ombrent et teintent les paupières et l'arcade sourcilière, claires pour l'arcade sourcilière, plus soutenues pour les paupières. Elles sont posées au pinceau moyen de l'extérieur de l'œil vers l'intérieur, du plus intense au plus doux, toujours très estompées au coin de l'œil.

Le choix des couleurs est l'affaire de chacune. Pourtant la coquette raisonnable se méfie des couleurs froides – gris, bleu et vert – qui font facilement l'œil dur, elle va plus volontiers vers les ocres et les terre de Sienne, voire les roses plus veloutés et plus doux qui donnent de l'éclat en se fondant insensiblement à la carnation. Là comme ailleurs, le maquillage n'est que l'expression un peu plus soutenue de ses propres nuances. Voilà pourquoi elle préfère les poudres plus discrètes

Petites moralités II

L'air triste et soucieux ne va pas aux coquettes raisonnables. Il assombrit le front et allonge le nez. L'amour se voit sur la figure. C'est la meilleure recette de coquetterie, celle qui échappe à toutes les autres.

Les pleurs nuisent gravement à la beauté. Ils creusent les traits et laissent sous les yeux des marques longues à s'effacer.
Ce qu'une femme obtient en pleurant, elle le paie cher par la suite. Il lui arrive d'en rembourser les intérêts la vie durant.
Les hommes attirés par les femmes à l'humeur sombre et sujettes à la dépression sont souvent peu soignés eux-mêmes. A fuir.
Une femme qui préfère l'alcool, le tabac et les médicaments à son teint et à son éclat démontre par le fait que la coquetterie n'est pas son affaire.

La coquette aime les vertiges, pas les abîmes.

Se méfier des hommes drôles. Ils séduisent avec facilité, mais cachent le plus souvent un cœur tourmenté, tourné vers lui-même. Leur préférer des hommes moins amusants mais plus attentifs.

Personne ne reste jeune, mais on vieillit plus ou moins mal. Une vieille qui se tient droite et marche d'un pas allègre fait plaisir à voir.
Aux gens âgés, la gaieté tient lieu de beauté.

La gaieté s'apprend de bonne heure. C'est la vertu majeure de la coquette.
La coquette raisonnable qui aurait un tempérament fondamentalement mélancolique ne peut pas s'imaginer.

que les crèmes qui ont tendance à marquer davantage et à couler. L'arcade est traitée au blanc ou au blanc irisé.

Dans sa jeunesse, elle se fait un œil de biche et souligne au crayon châtain – quelle que soit la couleur de l'iris – la paupière supérieure et le quart extérieur de la paupière inférieure. Elle abandonne ce trait dès qu'un soupçon de cernes apparaît, car il ne ferait que souligner cette atteinte de l'âge. Au contraire, elle passe à l'intérieur de l'œil un léger trait de crayon blanc.

Le mascara est brun foncé dans tous les cas. C'est une erreur répandue de penser qu'il est d'un joli effet d'assortir les teintes des fards à la couleur de l'iris. En effet, les résultats obtenus sont en général très artificiels ; ainsi la coquette n'utilisera jamais de mascara bleu. Si elle utilise du mascara en pain, elle le met avec une brosse à dents de sanglier qu'il faut nettoyer après chaque usage.

Un soupçon de vaseline sur l'arcade sourcilière, et la paupière illumine joliment le regard.

Les sourcils

Les sourcils sont un élément déterminant de la beauté d'un visage, qu'ils équilibrent et auquel ils confèrent une bonne partie de son caractère, chose souvent ignorée. Les sourcils sont bien brossés vers le haut avec la brosse à dents en soies de porc, puis lissés et fixés grâce à un petit peu de savon passé du bout du doigt.

En tout état de cause, c'est un maquillage léger, loin du masque.

La bouche

Sa bouche est rouge. Elle la tient douce et souple avec de la pommade Rosat dont elle s'enduit les

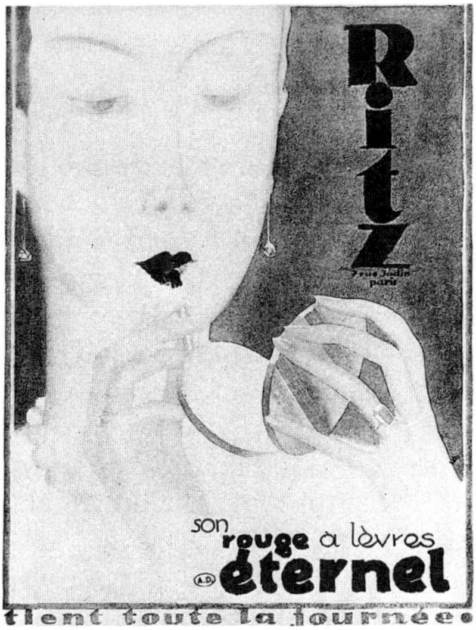

lèvres, après chaque brossage des dents bien sûr, mais aussi à plusieurs reprises dans la journée.

Pour que le rouge fasse le meilleur effet, il faut préparer les lèvres : les recouvrir entièrement d'une fine couche de fond de teint ou d'un nuage de poudre, et tamponner au papier de toilette ; ensuite, faire le tour des lèvres avec un crayon d'un brun doux, estomper le trait, peindre ensuite les lèvres au pinceau, généreusement, buvarder au papier de toilette et une dernière fois les poudrer légèrement.

Le choix du rouge est une affaire personnelle ; toutefois, la coquette raisonnable n'emploie ni rouge violacé, ni rose pâle, ni rouges ou roses nacrés. Comme pour les yeux, elle recherche un rouge qui se rapproche de sa propre carnation et la souligne.

Si une bouche très rouge est jolie chez une jeunesse, avec l'âge la coquette s'oriente vers des

Petites moralités III

Née coquette, on meurt de même. Celle-là est coquette, l'autre non. C'est ainsi. La transmission peut se faire par la mère, la grand-mère, comme par une étrangère que l'enfant prendra sans hésiter pour modèle, sur laquelle, sans que rien semble-t-il l'y prédispose, elle va jeter son dévolu. Les graines de coquetterie se sèment de très bonne heure, dès 4 ou 5 ans.
Les souvenirs des coquettes aînées s'impriment, se mélangent, se combinent. Ils donnent le moment venu une coquette, héritière des images du passé, dépositaire d'un savoir qui traverse les siècles et qui se transmet sans livre.

La coquette n'est pas l'élégante. Son but n'est ni social ni professionnel. Elle ne cherche ni à paraître, ni à tenir un rang, ni à faire du profit. Elle cherche à plaire et à se plaire.

Plutôt cigale que fourmi, elle aime l'argent pour le dépenser en robes, en souliers et en colifichets.
La coquette n'est pas sérieuse, en tout elle est du côté de la dépense. Même raisonnable, la coquette est dépensière. Sa raison s'exerce dans d'autres domaines que ceux de la prévoyance.
Une vraie avare ferait une mauvaise coquette. Son plaisir est forcément ailleurs.

Légère et raisonnable, la coquette marche sur un fil. Il lui arrive de croiser, venant en sens inverse, un homme, sur un fil. Il se peut alors qu'elle change de fil pour le rejoindre, à moins que ce ne soit lui qui vienne sur le sien. Exercice qui demande habileté et habitude. On tombe souvent.

roses plus ou moins soutenus, des bois de rose, voire des transparents à lèvres colorés d'un aspect flatteur mais qui ont l'inconvénient de ne pas tenir longtemps.

On fixe le maquillage avec une vaporisation d'eau minérale immédiatement séchée au linge fin.

Démaquillage

Elle se démaquille avec soin, tant pour bien nettoyer sa peau et la laisser respirer que pour éviter au réveil le spectacle déprimant d'un œil morne, noyé dans un mascara qui a coulé, soulignant des cernes qui n'ont pas besoin de ça.

Les mains bien lavées, les cheveux retenus par des pinces, du bout des doigts des deux mains elle étale, du front au cou et jusqu'à la naissance des épaules, derrière les oreilles jusqu'à la nuque, de l'huile de jojoba qu'elle fait pénétrer par un léger massage, mouvements petits, circulaires et toujours en remontant. Puis elle retire l'huile avec un gros tampon d'ouate imbibé pour partie d'eau florale (rose pour peaux grasses, hamamélis ou bleuet pour peaux normales et sèches), pour partie d'eau du robinet chaude ; le tout doit être tiède. Elle se sèche rapidement en se tamponnant le visage et le cou avec un linge de fil usagé et très doux.

Le démaquillage est l'occasion quotidienne et rêvée pour effectuer ces petits massages si salutaires pour la beauté et le moral.

Marques, produits et instruments

Les couleurs

En ce qui concerne les couleurs pour les yeux, les lèvres et les joues, elle a conclu, après de nombreux essais, que certaines marques bon marché, diffusées dans les grandes surfaces et les Grands Magasins, offrent des produits de bonne qualité, bien tolérés, dans d'innombrables teintes et nuances. Et, si les étuis, les tubes et les boîtiers ne sont pas toujours très jolis et sont souvent fragiles, ces petits inconvénients sont, à son avis, largement compensés par la modicité des prix pratiqués et la bonne marchandise proposée. Les fards Bourjois et Gemey sont de ceux-là, ainsi que la marque helvétique Malava.

Il existe chez Bourjois un fard blanc compact, appelé « Blanc de lys », qui vaut bien d'autres blancs de marques plus prestigieuses et surtout bien plus chères.

Pour les mascaras, les classiques de Bourjois sont satisfaisants ; toutefois, on obtient les plus jolis résultats avec les bons vieux pains de mascara en cake de la marque Ricils, qu'on trouve également dans les grandes surfaces et les Grands Magasins.

Poudres et fonds de teint

Il en va tout autrement pour les poudres et les fonds de teint. Ces produits dont on couvre le visage exigent une extrême finesse et une parfaite fluidité auxquelles toutes les marques n'atteignent pas.

Les poudres

La coquette en matière de poudre de riz n'a qu'une marque, les poudres Caron, en vente dans les Grands Magasins et à la maison mère, 34, av. Montaigne à Paris dans le 8e arrondissement. C'est une maison qui a l'âge du siècle et même peut-être un peu plus : ses poudres restent les plus fines, les plus aériennes, elles sont délicieusement parfumées à l'essence de rose, et le nuancier permet à chacune de trouver ce qui lui va.

Les fonds de teint

Ils sont utilisés, comme nous l'avons dit, parcimonieusement et surtout de place en place, en guise d'anticerne. Les choisir dans les marques Clarins ou Clinique.

A l'inverse de ce qu'elle conseille pour les crèmes nourrissantes et hydratantes, la coquette a été déçue par les produits de maquillage qu'elle a achetés en pharmacie.

Il existe, pour les peaux à tendance grasse, un excellent démaquillant domestique composé d'un tiers d'alcool, d'un tiers de glycérine et d'un tiers d'eau de rose.

Pour les peaux normales et sèches, un tampon d'ouate mouillé pour partie d'huile de jojoba et pour partie d'eau d'hamamélis fait l'affaire. Dans tous les cas, on fignole avec un morceau de coton humecté d'eau tiède et on sèche bien.

Petites moralités (suite)

Les dangers du maquillage

En cas de fatigue, de coups durs, ou simplement en cas de vieillesse, le maquillage doit se manier avec précaution. Il y a toujours risque d'en faire trop et d'obtenir le contraire du résultat recherché : d'accuser et de souligner par trop de fards la tristesse, les cernes ou les rides.

Maquillage et miroir peuvent devenir de dangereux ennemis si, fascinée par son reflet comme Narcisse et la reine de Blanche-Neige, la coquette ne peut plus s'arrêter et que, sous prétexte d'ultimes améliorations, elle fige son visage en ajoutant poudre, rouge et mascara, risque réel.
La toute jeune coquette, elle, peut se permettre l'excès, dans ce domaine au moins. Soit trop de fards, soit pas de fard du tout ; dans l'un et l'autre cas, sa fraîcheur sera soulignée et sa beauté sera gagnante.
La vieille coquette se garde d'un visage trop maquillé comme d'un visage nu. L'âge impose la mesure.

Une bonne coquette s'aime telle qu'elle est et ignore ceux qui la voudraient différente.

Histoire d'œil, affaire de regard

La coquette regarde avant d'être regardée.
Elle tient sa science de son regard qu'elle exerce sans relâche depuis qu'elle est toute petite.
C'est de son regard qu'elle tire le plaisir le plus sûr, le plus fidèle. C'est son terrain de jeu favori.
Elle a le coup d'œil aigu, rapide, enregistreur et classificateur ; elle est toujours prête à apprendre et à tirer parti de ce qu'elle voit, prête aussi à apprécier.
De prime abord, son regard sur les autres femmes est froid, curieux et évaluateur.

Quand les autres femmes ne la regardent plus, c'est alors qu'elle est légitimement en droit de s'inquiéter.
Il lui arrive souvent d'aimer une femme pour sa beauté, comme elle aime une œuvre d'art.
Certaines femmes sont des œuvres d'art.
Une coquette s'étiole quand on ne la regarde pas ou qu'on ne la regarde plus, d'où danger.

La coquette raisonnable se ménage des passions extérieures à l'amour.
L'âge venant, elle a tout intérêt à cultiver les jeux de société, particulièrement les jeux de cartes – bridge, belote ou tarot –, activités d'une grande ressource quand on ne plaît plus au premier regard.

Dans les histoires de désir, l'œil est premier.

Dans le passage des histoires de désir à des histoires d'amour (transformation délicate et à haut risque), le regard perd son importance. Il passe la main. Le passage ne se fait pas sans dégâts ; quand il rate, c'est la fin du désir et de l'amour, et tout est à refaire...

Les miroirs

La glace à trois faces en pied
Elle ne se fait plus guère et c'est dommage. Elle est lourde, chère, difficile à poser et encombrante, c'est vrai. Pour la coquette, c'est pourtant l'outil le plus indispensable parce que le plus exact. Il n'y a que la glace à trois faces en pied pour voir vraiment de quoi on a l'air, des pieds à la tête, de dos, de face, de près, de loin.

Grâce à ses trois battants qui donnent perspective, volume et mobilité, la coquette peut juger de sa tenue et de son allure d'un œil quasi objectif. De tous les miroirs qu'elle a à sa disposition, celui-là est le moins menteur. Il devrait être obligatoire dans tous les magasins de vêtements, or il se fait de plus en plus rare, y compris dans les grandes maisons.

Miroir flatteur
A l'inverse du précédent, le miroir flatteur est un ami qu'il ne faut pas mal juger. On en a bien besoin certains jours de cafard, même quand on sait qu'il triche. La coquette en possède au moins un qu'elle installe en général dans l'entrée pour se donner du courage au moment de partir les jours où elle ne se sent pas au mieux de sa forme. C'est une glace au mercure, vieillie, un peu piquée, sur laquelle on dirait qu'une gaze est tendue. Lorsqu'elle s'y regarde, les rides sont gommées, les cernes effacés ; le visage flou est d'une remarquable douceur, filtré comme le sont les gros plans sur le visage des actrices toujours belles mais vieillissantes. Celui-là est un miroir menteur, mais nécessaire. Il fait partie intégrante de son arsenal.

Miroir grossissant
Celui-là est cruel, mais carrément indispensable pour le maquillage, l'épilation des sourcils et des poils intempestifs, et l'extraction des comédons ou points noirs. Il ne laisse rien passer. Mettre un linge dessus quand on se sent triste.

Les miroirs flatteurs s'achètent chez les antiquaires, dans les brocantes et aux marchés aux puces.

Les glaces à trois faces et les miroirs grossissants se trouvent chez Brot, au n° 21 du bd Henri-IV à Paris dans le 4e arrondissement.

Dans les Grands Magasins on peut acheter des miroirs grossissants de bonne qualité sous l'étiquette Arpin.

Coiffeuse et psyché

Coiffeuse : « Petite table de toilette munie d'une glace devant laquelle les femmes se coiffent, se fardent ; ex : une coiffeuse en acajou. » Définition du *Petit Robert*, p. 333, édition de 1990.

La coiffeuse est un meuble dont la coquette a besoin. Elle est placée dans sa chambre, face à la fenêtre, avec son tabouret. Il y a des tabourets de coiffeuses comme il y a des tabourets de pianos. Le tabouret est un siège qui oblige à se tenir droit.
Elle peut, bien sûr, se maquiller et se coiffer devant la glace du cabinet de toilette, mais l'avantage de la coiffeuse est de n'appartenir qu'à elle. Une coiffeuse est un meuble personnel et privé. On ne regarde pas plus dans les tiroirs d'une coiffeuse qu'on ne fouille dans les poches des vêtements, dans un sac ou dans les tiroirs d'un secrétaire.
Du reste, il y a quelquefois dans les coiffeuses anciennes des compartiments secrets, souvent logés derrière le miroir.
La coquette, comme chacun sait, parle beaucoup à sa coiffeuse, qui lui répond par son reflet. La coiffeuse est sa directrice de conscience, sa confidente, son ange gardien.
C'est un meuble dont elle fait l'acquisition quand elle est jeune et qu'elle garde toute sa vie, si Dieu le veut.
Elle a un penchant pour les coiffeuses dix-huitième en bois fruitier. A cette époque, l'art de la toilette avait été poussé très loin, on le constate dans le raffinement apporté à la conception de ce petit meuble. Certaines coiffeuses des années trente ne sont pas mal non plus, d'autant qu'elles ont sou-

vent été dessinées de telle sorte que l'on peut quasiment se voir en entier dans le miroir, qui fait psyché.

Psyché : « Grande glace mobile montée sur un châssis à pivots grâce auquel on peut l'incliner à volonté et se regarder en pied. » Définition du *Petit Robert*, p. 1560, édition 1990.

Le rêve de la coquette est d'avoir une psyché, Charles X de préférence. Rêve dispendieux.

Soins esthétiques et de jouvence

Elle n'est pas dupe, elle n'est pas sotte, l'eau de jouvence reste à trouver, et la jeunesse du visage et du corps est ce qui s'en va le plus sûrement.

Pourtant, par tempérament, instinctivement, elle répugne, sauf cas extrême, pathologique ou médical, à faire appel aux charcutages esthétiques, liftings, liposuccions et autres violences. Des femmes, dont la beauté est le capital et le gagne-pain, les subissent par obligation ; d'autres, tâchant désespérément de retenir une improbable jeunesse, se les infligent. Elle non. Pour autant, elle ne renonce pas à limiter ou à retarder les dégâts autant que faire se peut, et ne refuse pas, de temps à autre, à faire appel aux gens de l'art.

S'il est agréable de s'occuper de soi, il est aussi très plaisant que d'autres le fassent.

Nettoyage de peau en institut de beauté
Quatre fois par an, aux changements de saisons. C'est largement suffisant, pour peu que les soins domestiques indiqués plus haut soient régulièrement pratiqués.

Les produits sophistiqués
« Peeling doux », une fois tous les quinze jours pour éclaircir le teint (marque Clarins, parfumeries et Grands Magasins).

« Masque hydratant », comme ci-dessus.

« Ampoule coup d'éclat », action efficace et fugitive. Bien utile en certaines occasions : rendez-vous ou soirée.

Il sort chaque année de nouvelles crèmes miracles qui prétendent gommer les rides, effacer les cernes, faire disparaître les bajoues, rendre un cou de jeune fille.

A l'évidence, aucune de ces promesses n'est tenue, ce qui n'empêche pas la coquette de céder de temps à autre à la tentation et de s'offrir 20 g de blanc de baleine pour la modeste somme de 300 F. A cette occasion, elle ne demande pas à la vendeuse comment il se fait que celle-ci ait si mauvaise mine et des cernes si prononcés. Elles savent toutes les deux de quoi il est question. Il s'agit du pacte universel du silence entre celles qui achètent les crèmes miracles et celles qui les vendent. L'enjeu va bien au-delà d'une quelconque honnêteté commerciale. Nous sommes, d'un commun accord, dans le monde de l'illusion, indispensable. Une crème de luxe une fois de temps en temps vaut mieux que des antidépresseurs tous les jours. Effets secondaires moins dangereux.

COTY
JUSQU'AU BOUT DES ONGLES

Soins particuliers

Elle a une tendresse particulière pour les extrémités du corps humain, fragiles, sans cesse au travail et particulièrement maltraitées : mains exposées et agressées, pieds confinés et contraints.

Elle aime leur innocence. La forme des mains, la forme des pieds, leur contact, leurs positions trahissent l'être bien plus sûrement qu'un visage dont on peut ordinairement contrôler l'expression.

Il lui arrive de savoir à la première poignée de main si cet homme-là peut lui plaire ou s'il n'en est pas question. C'est pourquoi la mode du baiser sur la joue remplaçant systématiquement la poignée de main, en vogue chez les jeunes, lui semble très dommageable aux nécessaires évaluations et spéculations qu'accompagne une connaissance nouvelle.

Elle accorde aux soins de ses mains et de ses pieds une attention pleine de sollicitude.

Les mains

Les mains s'abîment vite. Elles ont trois ennemis : le soleil qui provoque les taches brunes, le froid qui donne des engelures et les détergents qui dessèchent gravement la peau.

Les soins

Les mains sont lavées plusieurs fois par jour, au moins trois fois, matin, midi et soir avec un des savons non détergents cités plus haut. (Il faut à tout prix éviter les savons liquides des toilettes publiques qui décapent furieusement et emporter sur son lieu de travail un savon adéquat.) Elles sont graissées matin et soir, y compris en été. Dès le printemps et jusqu'au début de l'hiver, et ceci depuis la prime jeunesse, elles sont protégées avec une crème solaire écran total. C'est la seule manière de prévenir les tâches brunes qui sont une des manifestations les plus sinistres du vieillissement. En hiver, et même en automne, la coquette raisonnable porte des gants qui protègent du froid mais qui peuvent aussi être de bien jolis accessoires.

Pour les mains, une crème excellente et bon marché : « Oléo-glycérine », en pharmacie. C'est une marque ancienne, qui a depuis mis sur le marché un bain moussant honorable, sans comparaison toutefois, pour ce qui est de la qualité, avec la crème en question.

Le manucurage

Elle se fait les mains une ou deux fois par semaine, de préférence après un bain qui attendrit peaux et cuticules.

Avant le bain, elle retire au dissolvant gras le vernis.

Sur un plateau, elle prépare une serviette propre et douce, des feuilles de papier hygiénique ou des mouchoirs en papier, les outils : pinces, ciseaux, lime, bâtonnet de bois d'oranger, une gelée de corail et un fond de bol d'huile d'olive tiédie.

Les mains amollies par l'eau du bain, laissées un peu humides, sont massées à l'huile, du bout des doigts vers les poignets, d'abord un doigt après l'autre, puis c'est le tour de la paume, celui du dos de la main et enfin la main tout entière. C'est un massage doux, lent et profond, en appui sur le pouce de la main opposée, doigts au travail.

L'excès d'huile épongé, elle se lime les ongles. Leur forme est en harmonie avec la morphologie de la main, carrés, ronds ou en amandes. Carrés, ils vont aux doigts longs et aux mains sculpturales ; en amandes, ils sont jolis sur de petites mains fragiles et gracieuses. La coquette raisonnable les porte plutôt courts, mais jamais ras, un soupçon d'ongle qui dépasse du doigt facilite toutes sortes de manipulations, en couture, en cuisine, dans les petits travaux ménagers et pour les caresses.

La gelée de corail est posée sur le pourtour de l'ongle en mordant un peu sur la chair. Elle la fait pénétrer par pressions légères du pouce de la main opposée. Avec le bâtonnet de bois d'oranger, elle repousse soigneusement et à plusieurs reprises les cuticules qu'elle ne coupe jamais sous peine de les voir repousser plus épaisses et jaunies. Seules les envies caractérisées sont tranchées à la pince ou aux ciseaux à peaux, et nettoyées à l'alcool.

Ensuite, elle s'essuie méticuleusement, en insistant sur les ongles. Le vernis ne peut prendre que sur une surface sèche. Elle passe deux couches d'un vernis incolore qui joue le naturel et qu'elle préfère au rouge qui dramatise et qui ne supporte pas le moindre éclat. Elle ne met ni base ni durcisseur. Ces produits alourdissent l'ongle et ne servent à rien.

L'écorce d'un citron, pressé pour un usage alimentaire, sert à frotter mains et ongles. Cela blanchit et adoucit la peau, et raffermit les ongles (également recommandé pour les orteils).

Les pieds

Le pédicurage

Les jolis pieds sont choses rares.

La vraie coquette leur prodigue autant de soins qu'aux mains.

Une fois par semaine, assise sur une chaise basse, en peignoir, elle plonge les pieds dans une cuvette d'eau bien chaude additionnée de deux bonnes poignées de gros sel de mer. Elle y barbote un moment jusqu'à ce que ses pieds soient rouges et ajoute de temps en temps de l'eau bouillante pour maintenir une température élevée de façon à activer la circulation du sang, à délasser et dilater les pieds trop souvent serrés dans les chaussures. Elle les sèche et les masse à l'huile d'olive ou avec de la crème Rapp, en remontant des orteils vers les chevilles.

Comme pour les mains et avec le même produit, elle graisse le pourtour des ongles et repousse ensuite les cuticules avec un bâtonnet de bois d'oranger, puis coupe l'ongle au carré avec une pince forte. L'ongle ne dépasse pas l'orteil, il n'est pas trop court non plus, juste au ras de l'orteil.

Puis ils sont limés pour ne pas griffer ni accrocher les bas et frottés avec de l'alcool iodé décoloré pour les fortifier, éviter qu'ils deviennent comme de la corne et éloigner le risque de champignons, toujours menaçant dans des chaussures fermées.

Elle laisse le pédicure soigner les cors et autre œil de perdrix, et enlève à la râpe les peaux mortes qui se forment aux talons et aux coussinets en avant des orteils.

Les pieds sont largement poudrés le matin avant de mettre bas et souliers.

En été, elle laque ses ongles avec un rouge carminé, d'un joli effet dans des chaussures découpées ou dans des sandales, pas de vermillon ni de vernis nacré.

Les cheveux

La coquette ne fait qu'un avec ses cheveux. Ils sont curieusement l'expression de son être et lui font constamment du souci. Elle les trouve mous, secs, cassants, fourchus, gras... Ils sont de fait un bon reflet de son humeur et de sa santé : ils tombent quand elle a des ennuis, ils sont ternes quand elle est fatiguée, éclatants quand elle se porte bien.

La chevelure de la coquette mobilise son attention. Quand elle est bien coiffée tout va bien, mal coiffée tout va de travers.

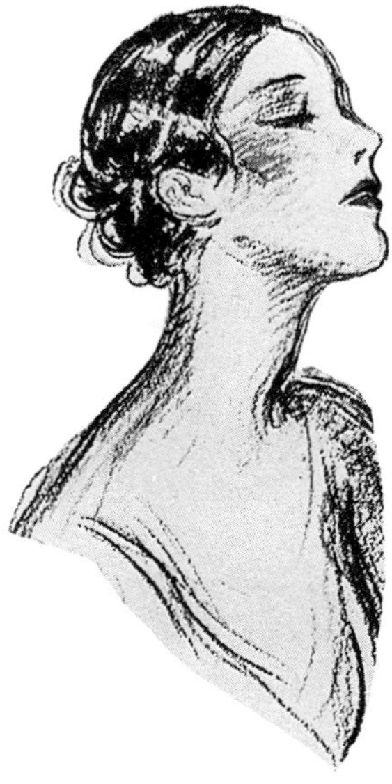

Cheveux

Venant d'un homme qui n'est pas son parent, toucher les cheveux d'une femme est un geste hardi qui annonce des développements ultérieurs. Il y a de l'intimité dans l'air quand la coquette laisse faire.

Partout dans le monde, les femmes cachent leurs cheveux en signe d'humilité ou de deuil, et partout aussi elles en jouent pour séduire. Dissimulés ou exhibés, les femmes se servent de leurs cheveux comme d'un langage.

Bien des femmes vont chez le coiffeur pour changer de tête, quand elles veulent changer de vie ou quand elles ont du chagrin. Ce sont de mauvaises dispositions, pleines de passion, qui entraînent en général des décisions qu'elles regrettent par la suite, surtout quand, emportées par les sentiments, elles demandent au coiffeur de tout couper. La coquette résiste à ces impulsions, même si elle en meurt d'envie.

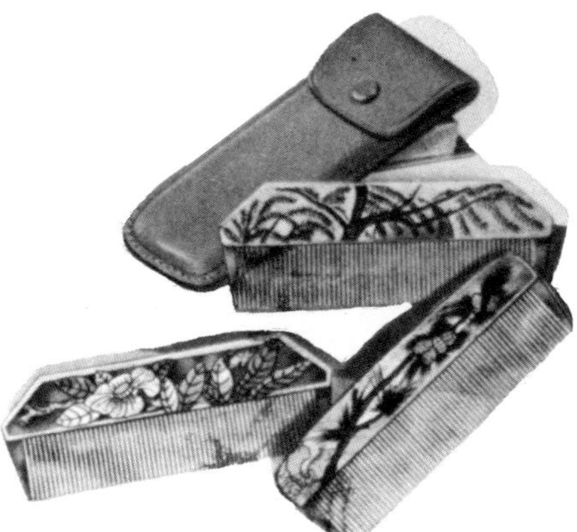

Elle ne va pas chez le coiffeur sur un coup de tête. Elle ne s'y rend qu'en pleine possession de ses moyens. C'est plus sûr.

Mini ou maxi, la coquette raisonnable refuse les permanentes, ruine assurée des cheveux.

Une fois trouvé le bon coiffeur, elle n'en change plus. L'expérience prouve qu'il s'améliore à l'usage. En matière de fournisseurs, la coquette préconise la fidélité.
Elle élimine d'emblée les salons de coiffure où les femmes sont en vitrine et où les passants peuvent à loisir les contempler quand elles ont les cheveux mouillés et des bigoudis sur la tête. Elle y voit des mœurs d'une impudeur confondante, témoignant d'une fondamentale incompréhension du service à rendre. L'idéal serait bien sûr le salon particulier. Elle n'en demande pas tant et se contente de la discrétion minimum exigée en la circonstance.

Brossage
Les cheveux se brossent matin et soir. Le matin pour démêler, le soir pour retirer la poussière qui s'y loge.

Lavage
De un à deux shampooings par semaine. Shampooings doux qu'elle achète en pharmacie et dont elle fait alterner les marques. La dose indiquée sur le mode d'emploi est réduite et légèrement diluée dans l'eau avant l'emploi pour faciliter sa répartition sur l'ensemble de la chevelure. Le crâne est frotté de part en part, du front à la nuque et d'une oreille à l'autre, en décollant la peau de façon à bien faire circuler le sang dans cette zone inerte.

Rinçage
Elle donne quatre rinçages abondants, soit quatre brocs de toilette, trois d'eau tiède et le dernier froid et additionné d'une cuillerée à soupe de vinaigre d'alcool pour un litre d'eau. Le rinçage doit durer plus longtemps que le shampooing.

Séchage
D'abord essorés dans une serviette éponge épaisse, ils sont ensuite frictionnés dans un linge plus fin, puis séchés à l'air libre. Jamais de séchoir électrique ni de casque. Cela ternit.

Pour fixer une mise en plis
Faire une décoction des peaux d'une demi-douzaine de gros oignons dans un litre d'eau minérale ou filtrée. Fait tenir et briller les cheveux et donne un reflet roux aux blondes.

Bain d'huile
Pour des cheveux très fatigués, bain d'huile de

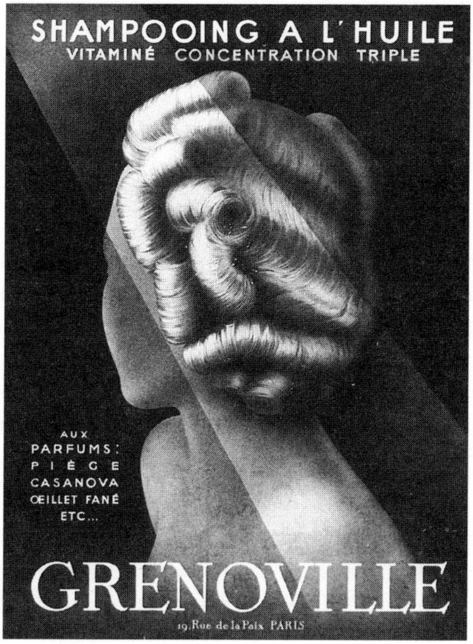

jojoba à garder toute une nuit. Laver et rincer très soigneusement au réveil.

Soins pour l'été en période de bains de mer
Appliquer sur la chevelure avant d'aller sur la plage de l'huile Phytomer. Ce produit peut également être utilisé en hiver en légère friction avant le shampooing. Il fait les cheveux doux et brillants.

Teinture
Elle cache ses cheveux blancs jusqu'à un âge avancé. Or, par quelque bout qu'on prenne la question, les teintures abîment les cheveux. C'est donc un choix qu'elle fait en toute connaissance de cause. Toutefois, elle espace les colorations autant que possible et remédie partiellement aux effets nocifs des teintures par les bains d'huile et les traitements doux indiqués plus haut. Elle cherche à obtenir la couleur la plus proche de sa teinte natu-

Les peignes

Peignes africains à dents longues et espacées pour les cheveux crépus et bouclés. Il y en a en ébène, d'autres sont en bois plus ordinaire, il y en a même en plastique. Certains sont joliment travaillés, ornés d'animaux sauvages, sculptés dans la partie pleine par laquelle on les tient. On les trouve à Paris dans les boutiques de marchandises exotiques ou dans les boutiques d'art africain.

Les peignes japonais ont les dents fines et serrées. Ils sont taillés en demi-lune et tiennent dans la paume de la main. Laqués, en bois, en plastique, décorés d'oiseaux et de fleurs, on en trouve dans les maisons qui vendent des produits en provenance d'Extrême-Orient : à la Maison de l'Orient et de la Chine, à Saint-Germain-des-Prés ; chez Kimonoya, 11, rue du Pont-Louis-Philippe et dans les succursales de Pier Import. Ils sont faits pour les cheveux raides et fins.

Les peignes à poux sont rectangulaires, deux rangées de dents de part et d'autre d'un axe central, une rangée très serrée pour décoller les lentes, une plus large pour démêler. Il en existe de très jolis en os et en corne.

Pour le sac, les petits peignes Hercule en caoutchouc, cités plus haut, p. 42.

La coquette en a de toutes les sortes.

relle en l'éclaircissant à mesure que passent les années. A cet égard, les cheveux noirs posent un vrai problème. Les teintures noires durcissent le visage, elles font ressortir cruellement les rides et la pâleur du teint et donnent un air de vieille sorcière. Il est donc conseillé aux brunes à peau blanche de changer de couleur de cheveux avec l'âge...

Cela dit, si elle conseille à ses sœurs en coquetterie de se teindre les cheveux, elle ne supporte pas ces pratiques chez les hommes. Allez comprendre !

La coupe

Elle ne tolère que la coupe sur cheveux secs, malheureusement de plus en plus délaissée par les coiffeurs pressés. C'est en effet le seul moyen de ne pas avoir de mauvaise surprise, car elle permet de se rendre compte de ce qu'on est en train de vous faire, ce qui est tout à fait impossible sur des cheveux mouillés. De plus, seuls les bons artisans pratiquent la coupe à sec, car les autres en sont incapables, c'est donc une garantie de compétence.

La mise en plis

A la mise en plis aux rouleaux, elle préfère un brushing ou, mieux encore, la mise en plis au peigne, si sa nature de cheveux le permet. Le résultat est plus naturel, il ne contrarie pas la plantation des cheveux et au bout du compte tient mieux.

Le style de la coiffure

Les vieux artifices sont toujours utiles. Si le front est un peu bas, faire une légère frange ; s'il est large est beau, les cheveux sont tirés en arrière pour le dégager. Si les oreilles sont jolies, petites, roses et bien collées, on les montre en relevant les cheveux avec des peignes. De beaux yeux sont mis en valeur par des chiens.

La jeunesse autorise les extrêmes, cheveux très longs, cheveux très courts. Passé la quarantaine, elle préconise une coiffure mi-longue, plutôt courte, qui encadre gentiment le visage et dans laquelle on peut passer la main sans dommage.

Les dents

La coquette montre les dents, soit pour sourire, soit pour mordre. Elles sont donc éclatantes et bien rangées.

Un bon dentiste fait partie de ses fournisseurs au même titre qu'un modiste ou qu'un bottier. Elle a en lui une confiance justifiée, car elle en a besoin régulièrement : de façon ordinaire pour le détartrage bi-annuel, de façon extraordinaire pour les ennuis dentaires auxquels pratiquement personne n'échappe.

Le thé et le tabac jaunissent sévèrement les dents. Le café aussi, dans une moindre mesure.

Un sourire qui ne découvre pas du tout les dents laisse un peu sur sa faim.

Elle se lave les dents au moins deux fois par jour, matin et soir, avec si possible une brosse à dents électrique plus énergique qu'un brossage à la main.

En tout état de cause, la brosse est en nylon (sanglier et soies de porc s'abîment au contact répété de l'eau) à tête petite et poil mi-dur pour ne pas écorcher la gencive qui, contrairement à un avis communément répandu, ne doit pas saigner.

Une brosse à dents se change plusieurs fois par an.

Le bicarbonate de soude fait une excellente poudre dentifrice. Il nettoie l'émail sans le rayer, également recommandé pour se rincer la bouche : deux cuillerées à café dans un verre à moutarde.

Une à deux fois par semaine, elle se brosse avec une pincée de sel de mer additionnée de deux gouttes de citron. Mélange blanchissant garanti.

Elle se sert aussi d'eau oxygénée en bain de bouche, diluée : une cuillerée à café par verre à moutarde. Autre recette pour les blanchir : mouiller une pincée de bicarbonate de soude avec une goutte d'eau oxygénée et brosser les dents avec le mélange obtenu. Ce petit massage profite aussi aux gencives.

L'importance de la beauté des dents n'apparaît pas toujours aux jeunes coquettes. Aux coquettes plus âgées de les convaincre.

Les bains de bouche sont d'une importance au moins égale au brossage. Une haleine parfumée est l'indispensable corollaire d'un joli sourire.

Vêtements, souliers et accessoires

Quelques réflexions

Les vêtements sont des signes et l'habit fait le moine.
En s'habillant le matin, la coquette choisit de plaire.

La nudité ne fait pas signe. Elle échappe à l'artifice. Le vêtement est l'artifice même.

ARTIFICE : « Moyen trompeur et habile pour déguiser la vérité, subtilité captieuse. Ex : Les artifices de la toilette féminine. Adjectif : artificieux. Synonyme : captieux, de *capere*, prendre en latin. » *Petit Robert*, p. 109, édition de 1990.

Brutalement et maladroitement ajusté au corps, le jean et le tee-shirt – uniforme de la jeunesse des années 1990 – réduit l'artifice à sa plus simple expression. C'est dangereux pour les femmes.

Cet uniforme ne ménage aucun mystère et, s'il ne nuit pas aux formes longilignes, il est fatal aux rondeurs, apanage du sexe faible.

A moins d'obésité ou de maigreur maladives, un corps nu a toujours une beauté que des habits bien pensés suggèrent. Le pantalon et le tee-shirt interdisent l'évocation de cette possible beauté, ils raidissent, aplatissent, écrasent, empêchent la grâce des mouvements par la rigidité des tissus et la grossièreté de la coupe. Ils caricaturent la nudité, c'est une catastrophe que la coquette évite.

Une robe qui bouge, qui prend bien la taille, qui dégage le cou et les épaules est en soi un atout, à condition qu'on n'ait pas lésiné sur le métrage. Un habit bien coupé peut être ajusté, il ne serre en aucun cas.

La coquette qui se déshabille ne devrait avoir sur la peau aucune marque.

La coquette raisonnable est rarement naturiste.

Ce sont les chaussures qui décident de l'élégance. L'effet de la plus belle robe peut être saccagé par de vilaines chaussures. Au contraire, une belle paire de souliers donne de l'allure à une tenue médiocre. C'est une règle qui ne souffre pas d'exception.

C'est par les pieds qu'elle décide de la tenue du jour. Elle choisit ses chaussures en fonction du temps qu'il fait et de ses occupations. Elle y assortit le reste. C'est la meilleure façon de ne pas se tromper et d'éviter d'essayer trente-six tenues le matin quand elle est pressée d'aller travailler par exemple.

Si le cœur lui en dit, elle marque son linge à ses initiales. C'était autrefois une pratique courante, voire obligatoire. A l'inverse, il lui semble incongru, presque obscène, d'arborer sur un foulard, un sac, un tee-shirt ou un peignoir de bain le nom d'un fabricant qu'elle ne connaît même pas, si prestigieux soit-il.

Précautions

Les jours de cafard ou simplement d'humeur maussade, ne pas innover en matière vestimentaire, mais s'en tenir à des habits dont on a l'habitude et dont on est sûr qu'ils sont seyants. Ces jours-là, préférer des mises plutôt modestes. Garder les initiatives et les audaces pour les jours de bonne humeur.

Le style, indispensable en cette matière comme dans tous les cas où la beauté est visée, est rarement acquis à la jeune coquette. Il s'acquiert avec l'âge, ce qui pour une fois est juste, vu que la jeune coquette forte de sa fraîcheur a moins besoin d'en imposer par sa parure que la coquette moins jeune.
Toutefois, aux alentours de la trentaine, elle a trouvé son style. Il est fonction de sa taille, de sa morphologie, de son poids, de ses couleurs, mais il est surtout fonction de son tempérament. Il y a des coquettes rêveuses, des coquettes aventureuses, des coquettes modernes, des coquettes kitsch, il y en a vraiment de toutes sortes.
Au moment d'acheter un habit ou des chaussures, elle se pose sérieusement la question de savoir si cet achat est bien de son genre. Question utile qui lui évite quelques erreurs. L'expérience prouve qu'il est hasardeux de passer d'un genre à un autre.

Drap, coton, soie, laine ou rayonne : avant de se décider, la coquette touche, tâte et essaie.
Le premier geste à faire quand quelque chose lui plaît, c'est de prendre le tissu à pleine main et de le froisser consciencieusement. S'il est rêche, électrique et que des plis restent marqués quand la main s'ouvre, elle ne s'y attarde pas davantage.

Cette petite manie, qui réduit sensiblement le choix, est indispensable, car tel article charmant en vitrine va agacer la peau et se défaire au premier lavage. Manipulé et froissé, un tissu ne ment pas.

De même, pas d'achat sans essayage, y compris la moindre petite culotte, car il y a un monde entre le vêtement qui pend sur un cintre et celui qu'on porte sur soi.

Tissus

Le choix du tissu est capital pour un vêtement. C'est de sa qualité que dépendent allure, durée d'utilisation et confort. C'est lui qui fait la différence entre une gentille nippe qui durera une saison et un vêtement que la coquette portera des années sans se lasser. On trouve de jolis vêtements, bien coupés, bien conçus et pas très chers. Des stylistes de réel talent se consacrent à cette confection bon marché que proposent des marques de plus en plus nombreuses, diffusées soit dans leurs propres boutiques, soit dans les Grands Magasins et les grandes surfaces. Ces articles sont tentants mais trompeurs. Au premier lavage, ils s'affaissent, perdent apprêt et tombant, rétrécissent. Les couleurs se fanent, le noir verdit, les lainages feutrent et boulochent.

A l'inverse, un tissu de bonne qualité garde son tombant. Même malmené, il ne se froisse pas et dure des années sans se lustrer.

Jolies coupes et beaux tissus font des vêtements qu'on porte longtemps avec plaisir et qui ne se démodent pas.

Mais la qualité se paie et, en matière de tissus, elle se paie particulièrement cher.

La coquette qui a les moyens est gagnante sur tous les tableaux, elle possède un bel habit qui va lui durer longtemps. Mais elle ne dispose pas tou-

jours des fonds nécessaires, loin s'en faut. Elle en rabat sur la qualité et se voit par le fait contrainte de renouveler souvent sa garde-robe et au bout du compte de débourser davantage. Contradiction sans solution. La sagesse serait d'attendre et d'épargner, mais nous savons que, par définition, elle est raisonnable certes, mais pas sage.

De toute façon, riche ou pauvre, elle exige moins d'une cotonnade fleurie dans laquelle on coupe une robe d'été qui découvre bras et jambes, que du drap dans lequel on fait le manteau qui, l'hiver, la couvre des épaules aux chevilles.

Le tissu est fait avec du fil. Le fil, naturel ou synthétique, se travaille de deux manières : tissé sur des métiers, il donne du drap que l'on coupe et que l'on coud ; tricoté à la main ou à la machine, il donne la maille qui ne se coupe pas, mais qui se travaille du début à la fin du vêtement. Le drap a de la tenue, la maille de la souplesse. On fait avec du drap des habits structurés qui ont de la tenue, avec la maille on fait des vêtements fluides qui épousent la forme du corps.

Tissus d'été

En été, les tissus sont légers, les couleurs sont vives et le choix immense. Lin, cotonnades et indiennes embellissent avec le temps. Avec le soleil et les lavages, les couleurs prennent de subtiles nuances, le fil s'assouplit, la fibre devient douce. La coquette les lave à l'eau froide ou tiède, les essore sans les tordre, les repasse humides et à l'envers pour ne pas écraser la trame.

Le coton est abordable, il absorbe bien la transpiration, et il en vient des Indes qui sont de pures merveilles.

Le lin pur, à la mode, est raide, sec et se froisse affreusement. Il est long à sécher, difficile à repasser. En fait, il doit être nettoyé à sec, ce qui augmente sensiblement le prix d'achat déjà élevé. En revanche, mélangé à du coton ou de la soie, il donne de beaux tissus à la fois souples et allurés.

La coquette aime des tissus quelque peu oubliés et de fait d'un entretien délicat. Cependant, pour des occasions particulières comme les noces ou les anniversaires, elle ne renonce pas tout à fait à la broderie anglaise, au piqué, voire à l'organza et au tussor, quitte à passer de longs moments à les laver, les repasser, les empeser.

Tissus d'hiver

L'hiver, les couleurs sont plus sombres, les tissus sont plus lourds, et la coquette ne se permet pas les incartades de l'été. Si une mousseline un peu froissée ne choque pas, un jersey de laine chiffonné aux fesses est affreux.

Le drap de laine

Un drap de pure laine est à toute épreuve. Il se froisse peu, brossé avec une brosse douce et mouillée, pendu sur un cintre pendant la nuit, un habit de drap de laine est impeccable au matin. Dès l'instant où il est mélangé avec une fibre synthétique, même en quantité infime, il perd toutes ses qualités : solidité, tenue, moelleux, douceur et chaleur.

La ratine
La ratine fait de superbes manteaux de plein hiver et de confortables vestes trois quarts ; un peu raides toutefois.

La gabardine
On utilise la gabardine pour des imperméables chauds et légers (dans lesquels on ne macère pas, contrairement aux imperméables en tissus synthétiques, froids et qui font transpirer), ainsi que des vestes de coupe masculine que la coquette choisit de couleurs vives pour en atténuer la sévérité.

Le grain de poudre
Le drap dit « grain de poudre » est fin, lisse, souple et sophistiqué. Il fait des spencers, des jupes ondoyantes taillées dans le biais, des robes d'après-midi et de demi-saison. Il a l'inconvénient de se lustrer assez rapidement en raison de sa finesse.

Le crêpe
Le crêpe est une façon qu'on trouve en laine comme en soie et même en fibre synthétique. Il convient aux tenues habillées. Il se prête aux drapés et aux fronces. C'est le plus féminin des tissus.

Flanelle et finette
La coquette a peu l'usage de la flanelle et de la finette, douillettes et confortables, dont la texture grumeleuse évoque irrésistiblement vieille fille et célibat feutré.

La maille

La maille est souple et malléable. On s'en sert essentiellement pour désigner les vêtements regroupés sous le terme générique et vague de « tricot », soit pull, chandail, gilet, laines en tout genre, mais aussi toutes les formes de jersey.

Le jersey de laine

Le jersey de laine, soyeux, doux et souple à la main comporte des risques car il adhère au corps et, sans pitié, en souligne les moindres imperfections, les exagère. La coquette un peu mûre l'évite soigneusement et le laisse aux plus jeunes et aux plus musclées. Elle ne le porte jamais ni en robe ni en jupe droite. Au contraire, une large jupe à panneaux dans le biais, taillée dans un jersey un peu lourd, est un vêtement gracieux qui va à beaucoup, sauf à être de très petite taille.

Le tricot

Pour les pulls, elle tolère un faible pourcentage de fibre synthétique qui ne doit pas excéder 10 %, ce qui dans certains cas confère aux textiles une meilleure résistance, surtout si elle les lave à la machine.

Il y a plusieurs origines et plusieurs qualités de laines :

Le lambswool

Le lambswool ou laine d'agneau est la plus commune et souvent de qualité médiocre. Si le fil est fin et la trame serrée, c'est un matériau acceptable, si au contraire la maille est lâche et le fil grossier, on aura un vêtement transparent aux coudes au bout de quelque mois.

Le cashmere

Même chose pour le cashmere, qui tout de même est plus doux et plus agréable à porter. (Il se travaille également en drap et, s'il n'a pas été mentionné à la rubrique précédente, c'est en raison de son coût très élevé.)

Restent les lainages de luxe qui sont sans défaut : le poil de chameau pour le sport, l'alpaga pour la ville, sans omettre la somptueuse et ruineuse vigogne qui, par parenthèse, fait des couvertures divines qui donnent l'envie de ne pas quitter son lit.

Nettoyage : le drap se brosse, il se nettoie à sec ou avec une brosse humide pour le défroisser. La coquette lave la maille et la laine à l'eau froide, à la main si elle en a le loisir, avec un détergent doux ou du savon en paillettes. Elle ne les essore pas mais les roule dans une serviette éponge et les fait sécher à plat, sans quoi la maille se déforme. Elle les repasse à l'envers, au fer tiède et à la pattemouille. On peut ajouter, pour la laine, une cuillerée à soupe de vinaigre d'alcool au dernier rinçage.

Fibres synthétiques

La coquette ne rejette pas en bloc les fibres synthétiques, ce qui serait absurde. Il existe notamment des crêpes synthétiques de bon aspect. Cela dit, ces tissus, flatteurs en noir ou en imprimé noir et blanc, supportent mal les couleurs qu'ils rendent, par leur texture même, criardes, froides et sans nuances.

A l'inverse du coton, ces fibres ne collent pas à la peau par temps de chaleur, mais donnent une transpiration acide et pénétrante, qui oblige à changer souvent de vêtements, voire plusieurs fois par jour. Ces tissus se lavent en un tour de main, sèchent en quelques heures et n'ont pas besoin d'être repassés, d'où l'avantage d'en emporter en voyage et dans les pays chauds.

Le velours

Le velours est un tissu habillé, précieux, qui se porte à l'automne et en hiver. Le velours de laine a de la tenue, un peu de raideur même. Elle s'en sert pour des corselets, des vestes, des manteaux du soir ou des redingotes. En robe et en jupe, il donne des allures empruntées, ce qui n'est pas le cas de la panne de velours qui est souple et chatoyante et

Couturières, coutures et tissus

La couturière en chambre n'existe plus guère et la coquette ne consacre plus aux essayages le temps qu'elle y passait jadis. Si elle a perdu une interlocutrice d'importance, elle a cependant gardé le goût des tissus et des boîtes à couture. Elle fréquente les boutiques des drapiers et les merceries.

Elle respecte la couture et les couturières.

Elle met un point d'honneur à savoir faire au moins une boutonnière, un ourlet et une jolie reprise. Mais le tricot la dégoûte un peu.

Par plaisir, elle se fait des vêtements, pendant les vacances ou les jours de congé. Exercice quasi spirituel de maintien des traditions qui, au vu du résultat, lui procure des satisfactions plus morales qu'esthétiques.

Les boutons sont au nombre des détails qui font la différence. En changer peut transformer un vêtement du tout au tout, à condition bien sûr qu'il ne s'agisse pas d'une loque.
Idem d'un galon autour d'un col ou d'un poignet, d'une ganse au bord d'une poche.

Une ceinture de jupe ou de robe montée sur du gros-grain aura la vie plus longue et le vêtement plus de maintien.

Il est bon d'avoir dans ses relations une mercière et une retoucheuse.

qui se plie aux façons les plus fantaisistes, à condition qu'il s'agisse de panne de velours de soie. La panne synthétique est rêche et métallique.

La soie

La soie est un cas de conscience. A l'achat, elle brille, elle séduit. Elle est le symbole du luxe et du plaisir. On imagine des déshabillés bordés de cygne, des bas scintillants, des robes légères qui se froissent sous la main et toutes ces sortes de choses... Hélas, la belle soie (car il y en a de vilaines comme cette horrible « soie lavée » qui envahit le marché) est difficile à entretenir.

Les lavages les plus précautionneux, à froid, à la main au savon en paillettes, etc., abîment inexorablement les sous-vêtements, les chemisiers, les foulards.

Quant aux robes, on ne peut que les faire nettoyer à sec. Tout cela coûte beaucoup d'argent à l'achat et par la suite.

Et pourtant, une coquette ne se passe pas de soie, elle a dans sa garde-robe une chemise, un jupon, quelque chose enfin dans ce tissu des fées.

Tissus au mètre et merceries

« Dreyfus, Déballage du marché Saint-Pierre », 2, rue Charles-Nodier, à Paris dans le 8e arrondissement. Quand elle veut se faire la main sur des étoffes qui n'ont pas coûté trop cher.

« Peinture », 18, rue du Pré-aux-Clercs, dans le 7e arrondissement. Au cas où elle aurait envie de cotonnades ou d'étamines de chez Liberty.

« Le Croissant », 48, rue de la Goutte-d'Or, dans le 18e arrondissement. Tissus dorés et argentés pour robes de sultanes.

« Maupiou », rue de la Paix, dans le 2e arrondissement. Choix d'étoffes luxueuses. Vu le prix du mètre, elle n'y achète qu'à condition d'être sûre de ne pas gâcher le travail.

« Anne Marie », 7, rue Malher, dans le 4e. Elle y trouve tout ce qu'elle désire comme boutons, ganses, rubans, galons, entre-deux, fils de soie et de coton et toutes sortes de colifichets.

Vêtements de dessus

Les robes

Une des définitions que le *Petit Robert*, dans son édition de 1990, à la page 1723, donne du mot « robe » est la suivante : « Vêtement féminin de dessus, d'un seul tenant, avec ou sans manches, couvrant le corps jusqu'aux genoux, aux mollets, aux chevilles ou aux pieds. »

L'imaginaire des femmes est plein de robes : robes de bal, robes à danser, robes de mariées, et il n'y a pas si longtemps robes de communiantes.

D'un seul tenant, la robe ne brise pas la silhouette, elle ne l'épaissit pas par des superpositions malheureuses de tissus sur les hanches ou à la taille.

Vêtement féminin par excellence, elle est pourtant pendant trois saisons, automne, hiver, printemps, délaissée au profit de l'ensemble et du tailleur. Il y a deux raisons à cela : tout d'abord une robe ne se change pas aussi facilement qu'un chemisier ou qu'un tee-shirt, il faut donc en posséder plusieurs pour être nette, et la mise de fonds est plus importante au départ, ensuite les modèles proposés à des prix abordables pour l'hiver et les demi-saisons sont dans l'ensemble très vilains, robes un peu molles en jersey à grosses fleurs, robes chasubles un peu raides dans des teintes tristes ou mini-robes en stretch qui souligne le moindre bourrelet. Tout cela ne convient pas à la coquette. Si d'aventure elle trouve un joli modèle, elle ne manque pas de l'acheter, car c'est la tenue dans laquelle elle est le plus à l'aise. Mais, sauf à pouvoir dépenser beaucoup, il est rare qu'elle trouve son bonheur dans cet article.

Toutefois, la coquette a toujours une petite robe noire impeccablement coupée, dégageant bien le cou et l'amorce des épaules, et qui, selon les accessoires, change facilement d'emploi, du dîner entre amis à des occasions plus solennelles. C'est un numéro qui ne souffre pas la médiocrité et pour lequel elle consent des sacrifices d'argent non négligeables. En la circonstance, un crêpe ou un fin lainage grain de poudre est le bienvenu. Pas de velours. Elle conseille la manche montée qui fait une carrure élégante sans être trop marquée, ce qui est le risque avec des épaulettes.

Frustrée en matière de robes pendant trois saisons, elle se rattrape en été. Alors le choix est vaste. On trouve à tous les prix de jolies robes en cotonnades légères faciles à façonner, faciles à porter. Corsage ajusté à pinces, décolleté, taille marquée, jupe à volants, à panneaux ou, comble de la grâce, taillée dans le biais, courte ou *new look*, il y en a pour tous les goûts.

Quand elle se marie en blanc, courte ou longue, la robe est de forme simple dans un tissu noble, soie épaisse ou satin, peu décolletée, jamais moulante et sans chichis. C'est une robe pure.

Jamais de robes sacs.

Les jupes

La coquette choisit ses jupes selon la finesse de sa taille et la longueur de ses jambes.

La jupe droite

Elle est facile et va pratiquement à toutes les femmes, sauf à être obèse ou excessivement cambrée. Elle est parfaite pour celles qui ont la taille peu marquée. C'est au-dessus du genou qu'elle est séduisante. Juste au-dessous du genou, elle ne se remarque pas. La mini est réservée aux jeunes filles. Mi-mollet, elle est à proscrire, elle coupe la jambe, tire la silhouette vers le bas, a des allures de nonne. C'est un naufrage pour les femmes aux jambes courtes.

De même que la robe droite, la petite jupe noire convient selon les accessoires pour le jour et pour le soir.

Longue et dans un tissu souple et précieux, c'est un vêtement facile qui sied aux femmes longues.

La jupe en forme

Un modèle seyant et féminin.

Montée en panneaux plaqués aux hanches, aux fesses et au ventre, elle s'évase à mi-hanches. Montrant sans exhiber. Elle se balance au rythme de la marche, de manière plus ou moins accentuée selon que le tissu est lourd ou léger. Ce modèle se porte avec des chaussures à petits talons. En souliers bas, il risque de tasser la silhouette par son ampleur. La forme apprêtée de cette jupe n'admet pas de laisser-aller dans le reste de la mise. Les coquettes petites et moyennes la porte au-dessous du genou ou à mi-mollet, les grandes se permettent de les porter longues, une main au-dessus de la cheville.

La jupe à volants

Elle annonce la belle saison et c'est la préférée de la coquette qui aime la sentir virevolter autour d'elle. Jeune et mince, toutes les jupes à volants lui vont, courtes ou longues, bien ou mal coupées. L'âge venant, elle demande une coupe parfaite, appliquée sans défaut à la taille et aux hanches avant l'amorce des volants, en haut des cuisses. C'est un délicat travail de couture.

Passé la trentaine, la coquette n'en porte qu'à des occasions particulières, fêtes ou soirées.

Jupes froncées et plissées
A fronces, à petits plis ou à plis plats, ces jupes présentent les mêmes inconvénients : l'ampleur du tissu coupé en droit fil est prise dans le gros-grain de la ceinture et s'y concentre, épaississant nécessairement la taille par le fait ; de plus, ces façons donnent au vêtement un tombant droit et raide. Il sied aux coquettes sveltes et sans hanches.

Jupes-culottes : Jamais.

Corsages, pulls et bustiers

En la matière, ce sont les détails qui importent : cols et encolures.

En règle générale, les encolures qui dégagent le cou ont de la grâce. Elles laissent voir l'attache du cou et de l'épaule, émouvante chez beaucoup de femmes par ce qu'elle montre de fragilité comme toutes les articulations, saignées et attaches : aisselles, poignets, chevilles...

Cols chemisiers et cols Claudine
Ils vont à celles qui ont la tête petite, le cou long et mince. Ils engoncent celles dont le cou est un peu fort ou court. Ils sont faits pour des Modigliani et des Giacometti, pas pour des Renoir ou des Maillol. En outre, ils ont un air bien élevé et austère qui plaît sur des femmes grandes, minces, un peu garçonnes.

Cols marins, modesties et cols châles
Ces formes démodées sont jolies sur des robes d'été en popeline légère et colorée, elles montrent le cou et soulignent la poitrine en venant mourir entre les seins. Elles sont réservées à la grande jeunesse ; plus tard, le genre « corolle » est ridicule.

Col roulé
Près du cou et en maille épaisse, il est rustique et se met à la campagne, pour le sport ou par grand froid. En maille fine, il est strict. Fin ou épais, il sied aux femmes au long cou.

Le col roulé lâche et drapé est moins guindé et plus flatteur.

Col tailleur
Un peu sec, il est élégant ; dans une couleur vive il est sans contre-indication, de même que dans un tweed moelleux. En revanche, en flanelle grise il est importable.

Col ras du cou
Lui aussi est fait pour les coquettes au col de cygne. Pour les autres, il faut que sa bordure s'écarte d'au moins trois doigts de la base du cou, ménageant un arrondi bien dégagé et une amorce de décolleté.

Col bateau
C'est le plus joli, le plus féminin, qui convient au plus grand nombre, laissant la nuque libre, montrant un petit bout d'épaules... conférant au moindre pull des allures gracieuses.

Les décolletés
Les décolletés intéressent gorge et poitrine.

Ils sont carrés, en pointe, en cœur ou bateau. Modestes ou profonds, ils destinent robes et corsages à un emploi quotidien ou habillé. Gracieux et seyants, la coquette en use.

Carré

Le décolleté carré, tombé en désuétude, est pourtant flatteur. Il allonge le cou, dissimule d'éventuelles salières et montre juste ce qu'il faut de gorge. Il habille les pulls et donne aux robes, qu'elles soient d'été ou du soir, un air juvénile et champêtre.

En pointe

Il est un peu sec. Toutefois, bordé d'un volant, il est portable par une coquette aux formes rondes dont il laissera voir dans l'échancrure la naissance des seins.

En cœur

Il commence comme le décolleté carré mais s'évase en trapèze vers les aisselles, dégageant largement le haut de la poitrine. Il est spectaculaire et réservé au plein été et aux soirées de gala. Il a les faveurs des coquettes aux seins bien ronds.

Les emmanchures

Raglan

Elle fait l'épaule ronde et tombante, et peut de ce fait corriger une carrure trop large. À l'inverse, la coquette aux petites épaules s'en méfie. C'est en tout état de cause une emmanchure qui tire le vêtement vers le bas par sa découpe même.

Kimono

L'emmanchure kimono est majestueuse et peu pratique. La coquette en use pour des vêtements d'intérieur en tissus fins et souples, faute de quoi il se forme sous le bras des plis épais et disgracieux. Ce type de manche, large de bout en bout, est déconseillé dans les cuisines où elle trempe malencontreusement dans la soupe.

Américaine
Elle découvre l'articulation de l'épaule, est échancrée en arrière sur les omoplates et laisse les bras nus. C'est une forme pour la jeunesse.

Montée
Emmanchure droite répandue et facile. On lui donne de l'allure et de la tenue en lui ajoutant des épaulettes ou, mieux, en montant la manche sur des fronces qui donnent du volume et de l'élégance. C'est la forme préférée de la coquette par sa grâce et sa facilité conjuguées, qui se prête aux manches courtes d'un corsage estival comme à la longue et étroite manche d'une robe du soir.

Longueurs des corsages, pulls, vestes et jaquettes
Il est constant de voir des femmes corpulentes qui, non contentes d'avoir mis une culotte, des collants et un fond de robe, rentrent leur chemisier dans leur jupe ou dans leur pantalon, ajoutent un pull dont la bande de côtes se trouve sur les hanches et, par là-dessus, passent une veste dont les basques alourdissent le tout. La coquette, quant à elle, veille à ne pas accumuler les épaisseurs sur cette zone souvent sensible.

Elle a donc un penchant pour les hauts courts : spencer, jaquette, gilet ou boléro, dont la bordure effleure le haut de la jupe sans briser la ligne du corps. Elle aime aussi les pulls qui s'arrêtent à la taille, bordés d'une large bande de côtes fines qui monte presque jusque sous la poitrine. Ces formes courtes et près du corps sont celles qui vont le mieux aux femmes rondes, contrairement à l'idée fausse et répandue qu'il faudrait masquer lesdites rondeurs dans des formes vastes et floues. La coquette va dans le sens de sa morphologie. Voilà pourquoi la coquette mince et longiligne porte des vestes de coupes masculines aux longues basques, taillées dans un drap fin et sec, qu'elle met avec une jupe droite et courte ou un pantalon masculin.

Le pull long jusqu'à mi-cuisses est portable s'il est en maille fine et s'il ne comporte pas de bandes de côtes pour l'arrêter. Elle le met en tunique avec un pantalon cigarette ou avec une jupe droite et courte ou des caleçons collants. Ronde ou mince, avec des jupes dans le biais, en forme, à volants ou à fronces, elle assortit les hauts courts évoqués ci-dessus.

Les pantalons

Le souple pantalon de soie qui dépasse du kimono chamarré, le large pantalon bouffant des danseuses persanes sont gracieux en diable et faits pour les femmes, ce qui n'est pas toujours le cas de nos pantalons à l'occidentale dont les coupes pensées pour les hommes s'adaptent mal au corps féminin. Étroit, il comprime hanches et fesses, les moulant de façon provocante et pas toujours heureuse. Vaste, il escamote le corps à partir de la taille.

De plus, il est rigide et difficile à ôter, alors qu'il est si joli de faire passer une robe par-dessus tête. La coquette qui est de son temps en met quand même à la campagne et quand il fait froid. Dans ces circonstances, elle les choisit avec précaution. Le pantalon d'homme, genre anglais, large, à pinces et à revers est amusant sur de grandes femmes minces, sans hanches, ni fesses, ni ventre.

Le pantalon cigarette, sans pinces sur le devant, à courtes pinces sur les reins, à jambe étroite est celui qui nuit le moins. Elle décline sur ce modèle des tissus fins et amusants, des imprimés, des lamés, des velours. Elle leur assortit l'été des ballerines de toutes les couleurs et l'hiver de petites bottines.

Les pantalons à pont, les sarouels, les pantalons de golf etc., sont mis de côté comme l'horrible jean dont la toile raide et épaisse meurtrit l'entrejambes et écrase les fesses.

Des coquettes grandes et minces mettent pour le soir des pantalons en soie à très larges jambes, sans en abuser toutefois, conscientes du chic un peu compassé de cette tenue peu en accord avec leur tempérament.

Les manteaux

Les manteaux parlent en général de l'hiver, du froid, de la pluie et de la neige.

Elle n'aime pas le froid qui fait le nez rouge et qui glace le sang. En hiver, le corps se rétracte et la beauté s'en ressent. Sauf à être en fourrure ou en plumes, un manteau est plus fonctionnel que séduisant, l'égayer n'est pas toujours facile. Il est par définition épais et couvrant, éléments contraires aux règles de coquetterie avec lesquelles la coquette est pourtant tenu de composer pendant plusieurs mois de l'année.

Les manteaux de fourrure

De tout temps, les jolies fourrures ont tourné la difficulté. Quoi de plus chaud, de plus doux, de plus féminin, quoi de plus ravissant qu'un joli visage enfoui dans un col de loutre, de marte ou de castor ?

Or, la belle fourrure est très chère et les espèces

sont en voie de disparition, ce qui met la coquette dans une position désagréable à double titre. Si elle manque d'argent, le problème est vite résolu. Si elle n'en manque pas, les choses se compliquent car autant qu'une autre elle est sensible aux impératifs de protection de la nature. Mais, disons-le tout net, elle aime la fourrure qui lui va à ravir, qui lui tient chaud et qui, en Occident, est liée à l'idée de la femme, comme le voile lui est associé en Orient.

Fourrures longues – renard, loup, lynx – pour cols et parements ; vison d'élevage ou rat d'Amérique pour fourrer les pelisses ; fourrures douces – loutre, castor et chinchilla – pour le manteau tout entier, celui dont elle rêve toute sa vie. (Il est rare toutefois qu'elle mette assez d'acharnement à l'obtenir, on a vu que cela n'était pas dans son tempérament, ce qui ne l'empêche pas de penser qu'un manteau de loutre noir, raglan, à col châle et larges manches kimono est ce que l'on peut voir de plus joli au monde et ce qu'il y a de plus agréable à porter.)

Une fourrure, c'est comme la légion d'honneur, ça ne se réclame ni ne se refuse.

La qualité de la fourrure se mesure à sa légèreté. Pas de fourrure lourde. Pas non plus en la matière de formes droites ou ceinturées mais des coupes souples et vastes dans lesquelles elle s'enveloppe, à godets, à larges emmanchures, à grands revers pour y glisser les mains et à grand col pour y abriter le visage du froid.

A défaut du manteau tout entier, elle porte la fourrure en col près du visage et en poignets près des mains.

Elle aime aussi le duvet de cygne, chaud et léger, et de toute façon finira la plupart du temps par s'acheter un joli manteau en fourrure synthétique qui règle à la fois les histoires d'argent et les cas de conscience écologiques.

Les manteaux de drap

Raglan et trapèze : épaules étroites, évasé vers le bas. Court, c'est une forme pratique et spirituelle qui met les jambes en valeur ; long, il tourne à l'ecclésiastique. La coquette en corrige les proportions par une écharpe généreusement nouée près du visage, un renard balancé sur l'épaule ou une cravate en vison qui tient haut le menton.

Droit et à manches montées : élégant et strict, il va à la coquette mince et fine. Elle le porte court et près du corps, avec des escarpins à talons hauts ou de fines ballerines à talons de trois centimètres. C'est un vêtement de demi-saison qui se coupe dans du drap fin et coloré. En tissu épais, il est mastoc et garçonnier.

La redingote : c'est son modèle préféré, petit buste, taille fine et larges godets. Il est envisageable dans toutes les matières, fines ou épaisses, toutes les longueurs, court ou long. Court avec des souliers fins, c'est un manteau élégant et parisien ; long, avec des bottes à la russe, il prend un petit air de folklore.

A empiècement : il s'évase à hauteur des seins en plis ondulants, les manches montées sont soit resserrées et boutonnées aux poignets, soit franchement kimono. Il est un peu solennel, surtout s'il est long. Court et de couleur vive, il est jeune et gai.

Cape : elle n'en porte pas.

Des soldes et de l'essayage

A l'égard des soldes, la coquette adopte une attitude résolument méfiante. C'est l'occasion entre toutes de dépenser trop et mal. Elle a mis au point une méthode pour ne pas tomber dans ce piège béant : deux fois par an, au moment des collections d'hiver et d'été, elle fait le tour de ses magasins favoris. Elle essaie ce qui lui plaît et prend des notes. Dès les premiers jours des soldes suivants, elle va droit sur les articles qu'elle avait repérés, ainsi elle ne fait pas d'erreur et ne gâche pas d'argent.

Sans complexe, elle essaie et réessaie, elle s'y reprend à plusieurs fois. Elle n'achète pas du premier coup et s'offre le plaisir de la réflexion et de l'attente.
La coquette ne se fie pas aux conseils des vendeuses. Elles sont le plus souvent payées à la guelteet en conséquence, négligeant le fait qu'un bon commerçant doit être de bon conseil pour se faire une clientèle fidèle, flattent à mauvais escient.

Dans les boutiques, la coquette observe ses semblables en train d'essayer. C'est instructif et permet d'éviter de faire des bêtises. La coquette tâche autant que possible de se voir comme elle est. Exercice difficile.

Dessus-dessous et lingerie fine

Vie publique et vie privée. Vêtements de dessus, vêtements de dessous. La distinction est la même.

Pour le dessus, elle préconise l'allure et la fantaisie, elle rejette en revanche la provocation et l'excès.
Pour le dessous, un rien de provocation, un zeste d'excès ne nuit pas.

On appelle aussi les dessous féminins « lingerie » dont le *Petit Robert* donne, p. 1098 de l'édition de 1990, la définition suivante : « Linge de corps pour femme », appelée aussi « lingerie fine », comme on dit épicerie fine et vins fins.

Le linge de corps et de maison est son domaine absolu. L'ordre y règne. Ainsi que la propreté et l'odeur de lavande ou de quelque autre essence de son choix.
Elle interdit qu'on mette le nez dans ses armoires ou dans ses commodes. Elle verrait d'un très mauvais œil cette règle enfreinte par quiconque. Faute aussi grave que d'ouvrir une lettre destinée à un autre.

Elle tient en horreur les hommes qui font mine de s'y connaître en toilettes féminines de dessus ou de dessous. Elle leur accorde tout au plus, pour quelques-uns, de savoir apprécier les résultats (bien entendu, elle ne parle pas des grands couturiers, espèce à part, dont on se demande parfois, à voir leurs œuvres, s'ils sont les amis des femmes).

Quelques adresses de bons conseils :

« Liane » (lingerie, corseterie, bas, collants), 10, rue Saint-Antoine, à Paris dans le 4e arrondissement.
« 36e Dessous », 107, rue de Rennes, dans le 6e arrondissement.
« Marie Brunon », 50, rue Vavin, dans le 6e également.
Et pour celles qui ont les moyens : « Les Folies d'Élodie », 56, av. Paul-Doumer, dans le 16e.

Vêtements de dessous et d'intérieur

Les dessous remontent le moral de la coquette. Il lui est agréable d'être jolie dessous comme dessus, même si elle est seule à le savoir. Cela participe du même mouvement qui lui fait ranger et parfumer ses tiroirs et sa penderie. Le domaine privé lui importe au moins autant que le public.

Les dessous sont du domaine privé. Guêpière en tulle ou chemise en finette, une femme s'annonce gaie, triste, lointaine, amoureuse, provocante, ingénue.

Jeune fille, ses formes nettes et fermes l'autorisent au coton dont la fibre souple moule heureusement sa jeune beauté. Plus tard, la douce imprécision d'une soie ou d'une belle maille synthétique est la bienvenue.

Les dessous impliquent transparence et dentelles, lesquelles se placent en haut des cuisses, aux épaules et à la naissance des seins, sans les dévoiler tout à fait.

Les couleurs sont choisies en fonction du teint, clair ou mat, et de la matière dans laquelle est coupé le vêtement.

Le blanc est beau en coton et en soie. Au premier abord, il est beau aussi en synthétique mais il vieillit mal, il jaunit sans qu'on puisse y faire quoi que ce soit. Il va à tout le monde à condition d'avoir bonne mine. A prohiber quand on a le teint triste. Cela est vrai pour les blondes comme pour les brunes. L'âge venant, le coton blanc est triste.

Le rose est fait pour la soie, le tulle et la dentelle. Il va à tout le monde, c'est une teinte qui farde et qui rajeunit. Il n'est pas joli en coton, il est fade.

Le noir est seyant dans toutes les fibres. Il est beau sur toutes les peaux et à tous les âges. Il vieillit bien dans les tissus synthétiques ; en soie et en coton, il ternit.

Le crème est une couleur fine et flatteuse, qui va à tout le monde, sauf s'il s'agit de coton. Dans cette matière, il a tout de suite l'air sale.

Le rouge se porte bien en soie et en coton ; en tissu synthétique, il prend un aspect métallique désagréable.

Les combinaisons

Ce mot recouvre des dessous bien différents. Le fond de robe en flanelle rose à fleurettes, à peine échancré, qui pend jusqu'à mi-mollet, n'est que le très lointain parent de la combinaison courte et fendue sur la hanche qu'elle affectionne.

Bordée en haut des cuisses d'une main de dentelle, elle dégage largement, grâce à de fines bretelles, la gorge et les épaules. Elle est souvent rose ou noire, de couleurs vives, en soie à grosses fleurs, avec des effets de chantilly ou de dentelle de Calais. A peine cintré à la taille, c'est un dessous flatteur et confortable qui dissimule sans cacher ni serrer les hanches et les ventres ronds. Selon les postures, le tissu tombe en plis gracieux des épaules aux cuisses.

Le caraco
Le caraco est une courte tunique qui s'arrête à la taille. Il partage certaines des qualités de la combinaison courte : souplesse et grâce. Toutefois, il laisse voir ventre et fesses et par là dissimule mal les imperfections. C'est un dessous aux bretelles fines, charmant pour la jeunesse. Il peut s'ouvrir sur le devant avec un boutonnage serré qui rappelle le laçage des corsets, flatteur pour une jeune et jolie poitrine libre de soutien-gorge. En été et dans les pays chauds, il fait office de corsage. Il ne supporte ni la graisse ni la maigreur.

La guêpière
La contraignante guêpière est d'un incontestable effet. Elle rehausse les seins et sangle la taille. Très

décolletée, elle descend sur le ventre à la limite du pubis et remonte en bascule assez haut sur les reins. En tulle rebrodé, en soie ou en dentelle, elle s'orne en haut des cuisses d'un petit volant. C'est un vêtement très seyant et rigide qui arrange bien la silhouette.

Le bustier

Le bustier est à la guêpière ce qu'est le caraco à la combinaison courte. Il sied aux jeunes femmes, aux jolies épaules. Corselet pour robe à danser, plutôt que sous-vêtement.

Le body

Le body très en cour ne lui convient pas. Sa coupe écrase les seins, et le système de fermeture à pressions entre les jambes, qui rappelle la couche-culotte, est disgracieux dès lors qu'il est ouvert, les deux pans flottant bizarrement de chaque côté du corps. C'est en revanche un dessous pratique sous un pantalon.

Culotte et soutien-gorge

Ces deux pièces sont difficiles. De par leur forme même, elles barrent le corps par deux fois, en brisent les lignes et les mouvements, en détruisent l'harmonie. L'idéal serait de pouvoir s'en passer, ce qui est rarement le cas. Elle les choisit appropriés à ses formes et à la bonne taille : serrés, ils laissent des marques sur la peau et font de vilains bourrelets qui se voient sous les vêtements ; lâches, ils gomment les formes.

Pantalon ou petite culotte

Les arrière-trains sont divers et les coupes variées de culottes qu'on trouve sur le marché ne vont pas à tout le monde. La culotte blanche en coton à côtes qui moule et monte jusqu'à la taille est pratiquement importable, sauf à avoir les fesses très rondes, la taille très creuse et le ventre très plat. C'est dire qu'elle est réservée aux toutes jeunes filles et aux grandes sportives.

Le slip brésilien

Le slip brésilien en vogue est coupé pour des athlètes. Il ne va qu'à des femmes de type africain ou scandinave, aux jambes interminables, sans hanches et aux fesses saillantes. Il fait tort à toutes les autres.

Le bikini

Coupe classique en triangle, basse sur les hanches, qui met gentiment en valeur le ventre rond et les fesses.

Le caleçon
Culotte d'homme, cette forme va aux femmes au corps d'homme, reins creusés, bassin étroit.

Le soutien-gorge
Le plus souvent indispensable, il ne doit pas pour autant ressembler à une pièce de cuirasse. Par goût, elle les aime arachnéens et ornés, mais se plie aux exigences de sa morphologie.

Le balconnet fait une poitrine pigeonnante qui se prête aux décolletés. C'est une forme qui va aux seins moyens et petits. Ils sont gracieux en dentelle, en soie, en tulle et dans toutes les couleurs.

Les seins très petits et fermes se passent de soutien-gorge. Dans tous les cas, comme pour les culottes, la coquette veille à prendre la juste taille. La poitrine doit être maintenue sans déborder ni flotter, la bretelle à la bonne longueur, ni courte ni longue. Il convient de tirer la bande dorsale vers le bas pour que les seins se placent bien.

Sous un vêtement mince, notamment l'été, il est de couleur claire et les coutures sont écrasées au fer pour qu'il ne se voit pas.

Les bas
Les collants sont confortables, pratiques, chauds, solides souvent, mais ils sont vilains. Ils emmaillotent jambes et fesses, les enferment. Les bas sont irremplaçables. La coquette lisse sur sa jambe tendue un bas fin et l'accroche à la jarretelle.

Comme pour la combinaison, voilà un nom commun qui recouvre des réalités bien différentes. Le bas épais, beige foncé, aux pointes et aux talons renforcés, n'a rien à voir avec le bas de nylon fin et transparent qu'enfile la coquette. Les jolis bas sont fragiles et chers, rien n'y fait. Pour les enfiler sans les accrocher, elle les met en forme sur le poing, ongles rentrés.

Les bas clairs ou blancs vont aux jambes minces qu'ils étoffent.

Les bas noirs sont toujours d'un bel effet portés avec des souliers fins. Avec des chaussures épaisses, ils prennent un air de deuil.

Les mailles fantaisie, les dessins, les pois, les fleurs sont plus attirants en vitrine que sur la jambe. Ils ne sont jolis qu'en noir et avec une tenue de teinte uniforme, sans quoi ils donnent à la silhouette un air hétéroclite et morcelé.

Sans les écarter systématiquement, la coquette ne porte des bas de couleur qu'avec la plus grande précaution. Transparents, gris, kaki, bordeaux, etc., ils donnent à la jambe un curieux aspect maladif. Renforcés par une maille fantaisie ils vont jusqu'à faire penser à une maladie de peau éruptive.

Opaques, ils sont amusants en tenue de ville ou de sport, à condition encore une fois que le reste de la tenue soit uni.

Ils sont en coton ou en laine, car les bas de couleurs demandent un moelleux que la fibre synthétique ne rend pas. Ils accompagnent une ballerine ou un escarpin à talon fin, de hauteur modeste et de couleur identique au bas.

Porte-jarretelles et serre-taille

Fonction identique, forme différente.

Le porte-jarretelles ceint les hanches un peu au-dessous de la taille. Il est souple et sans armature.

Le serre-taille emprisonne fermement la taille à l'aide de courtes baleines comme un petit corset.

Comme pour tout ce qui est ajusté, la coquette veille à les choisir de taille exacte. Ils épousent la ligne du corps, au besoin la corrigent, mais ne la déforment jamais.

Les dessous pour temps froids

La coquette craint le froid. Il existe pour l'hiver des sous-vêtements à la fois chauds et ravissants, en soie ou en laine et soie mélangée, des marques helvétiques Hanroo et Sevaco qu'on trouve dans les magasins et dans les bonneteries de luxe. Il y a à Paris, rue du Faubourg-Saint-Honoré, une boutique spécialisée dans ces articles qui s'appelle Princesse Mary, au n° 205. Toutefois, il en existe de plus jolis encore fabriqués par la marque italienne Lisanza, en vente notamment chez Marie Brunon, au 50 de la rue Vavin, dans le 6e arrondissement et à la boutique 36e Dessous, 105, rue de Rennes, dans le même arrondissement.

Entretien des dessous

Les dessous changés tous les jours sont soumis à

de fréquents lavages, et qui dit lavage dit usure. La coquette prend quelques précautions pour en prolonger la vie. Elle les lave à l'eau froide. En machine, elle utilise un cycle court et sans essorage. Elle se sert de détergent doux ou de savon en paillettes, et ajoute une cuillerée à soupe de vinaigre d'alcool par litre d'eau au dernier rinçage pour adoucir la dernière eau. Comme pour les cheveux, le rinçage du linge se fait à plusieurs reprises avec de l'eau en abondance.

De temps à autre, une fois par trimestre environ, elle lave son linge avec une lessive en principe recommandée pour les voilages et qui fait merveille pour les dessous. Cette lessive, assez chère, s'appelle Fabulon-Voilages.

Pour les taches tenaces, elle les imbibe avant le lavage d'un peu de K2R liquide, en vente dans toutes les grandes surfaces. Quelques gouttes d'un banal liquide pour la vaisselle fait également l'affaire.

En machine et à la main, elle ne mélange pas les couleurs, car une fois teint ou déteint un article ne se rattrape pas.

Pour ensemble raviver et désinfecter, deux à trois fois l'an elle fait tremper quelques minutes ses dessous, fibres naturelles ou synthétiques, blanc ou couleur, dans une bassine d'eau tiède avec une cuillerée à soupe d'eau de Javel qu'elle a pris soin de bien diluer. Chaque couleur trempe séparément, bien sûr.

Vêtements de nuit et d'intérieur

De nuit

Ni chemise de nuit ni pyjama, mais des tuniques ou des liquettes, dégageant bien le cou, décolleté rond ou carré, à manches longues l'hiver et courtes

l'été, sans boutonnage, descendant jusqu'à mi-cuisses, en coton ou en soie, couvrant ce qu'il faut et faciles à enlever. Dentelles, rubans et broderies, ton sur ton et parcimonieusement répartis. On trouve des tuniques dans les magasins d'articles indiens et des liquettes dans les Monoprix.

Les vêtements de nuit sont blanc cassé ou rose pâle. Les couleurs vives sont, au réveil et passé vingt-cinq ans, d'une inutile cruauté.

D'intérieur

Pour l'été, la coquette trouve toujours un joli kimono japonais dans des boutiques chics comme La Maison de l'Orient et la Chine, à Saint-Germain-des-Prés, ou chez Kimonoya, déjà cité, mais aussi dans les Grands Magasins, sur les quais du métro et dans le quartier chinois près de la place d'Italie.

La forme, immuable, est gracieuse, les couleurs et les motifs extraordinairement variés sont le plus souvent seyants et délicats. Son seul inconvénient, qui fait aussi sa beauté, est la large manche qu'il lui arrive de tremper malencontreusement dans le bol du petit déjeuner. Question d'habitude.

En revanche, le problème se corse pour les mois d'hiver où il fait bon avoir pour la maison un habit qui tient chaud.

Les robes de chambre qu'on trouve dans le commerce à des prix abordables sont désespérantes par les tissus comme par les formes. Elles transforment instantanément une femme plaisante en un être asexué et racorni.

La coquette avoue ne pas avoir sur ce point résolu le problème, d'autant qu'elle est d'un tempérament plutôt frileux.

Et sauf à dépenser des fortunes dans des boutiques de lingerie de grand luxe, telles que La Châtelaine, avenue Victor-Hugo, ou avenue Montaigne dans les boutiques de Nina Ricci et de Christian Dior, la robe de chambre d'homme brodée, choisie dans un beau lainage uni et d'un coloris doux, beige, rose, bleu ardoise ou vert amande, est la moins mauvaise solution (Old England toujours ; Madelios, place de la Madeleine ; ou Les Laines écossaises, bd Saint-Germain). Ces articles ne sont pas donnés, mais ils sont de belle qualité et pratiquement inusables. C'est une mise de fonds à très long terme.

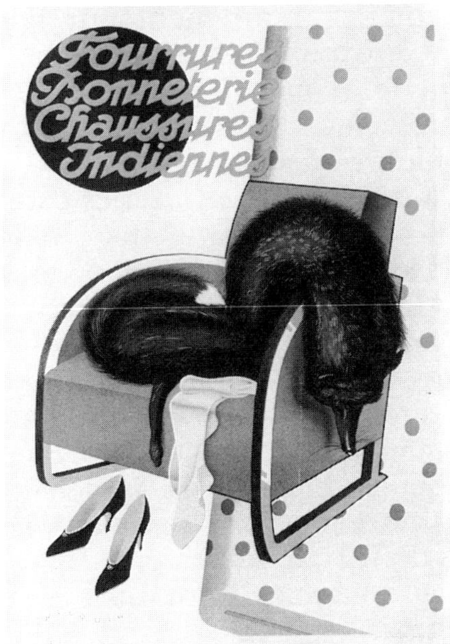
Fourrures
Bonneterie
Chaussures
Indiennes

Les souliers

La coquette fait collection de souliers.

C'est, comme nous l'avons vu au début de ce chapitre, le secret de la réussite. Ce sont les chaussures qui donnent le style et le ton, qui annoncent la couleur.

Son penchant la porte vers de fins escarpins à talons hauts, qui donnent à la silhouette grâce et fragilité, mais qui sont malheureusement inconfortables et pas toujours adaptés aux occupations ; donc elle compose avec son goût et ses impératifs.

Ce qui compte avant tout dans une chaussure, c'est la cambrure. C'est elle qui fait une chaussure à la fois jolie et confortable. C'est de la cambrure que dépend la position du pied, et celle des orteils. Semelle équilibrée en trois temps, talon, voûte, orteils, de sorte que la voûte plantaire soit réellement soutenue. Il va de soi qu'une bonne cambrure exclut les talons tout à fait plats, comme les talons très hauts, mais qu'en revanche elle permet de porter des talons de 5, 6 ou 7 centimètres sans fatigue. De plus, elle allure le pied.

Les matériaux

Agneau et chevreau

Fins, souples et fragiles. Ils se fendillent vite là où plie le soulier. Tous escarpins de ville.

Proverbes et maximes relatifs aux pieds et aux souliers

« Avoir les pieds sur terre » : la coquette raisonnable a les pieds sur terre. C'est précisément ce qui la différencie des autres coquettes.

« Trouver chaussure à son pied » : c'est son but dans la vie.

« Se lever du bon pied », « Se lever du pied gauche » : l'un et l'autre lui arrivent.

« Bon pied, bon œil » : indispensable pour une bonne pratique de la coquetterie.

« C'est le pied »...

« Être dans ses petits souliers » : locution dont elle mesure tout le sens pour l'avoir souvent éprouvée au sens propre.

« Il faut juger des femmes depuis la chaussure jusqu'à la coiffure », La Bruyère. La coquette partage tout à fait cet avis (sous réserve que cette petite phrase soit sans perfidie à l'endroit du sexe).

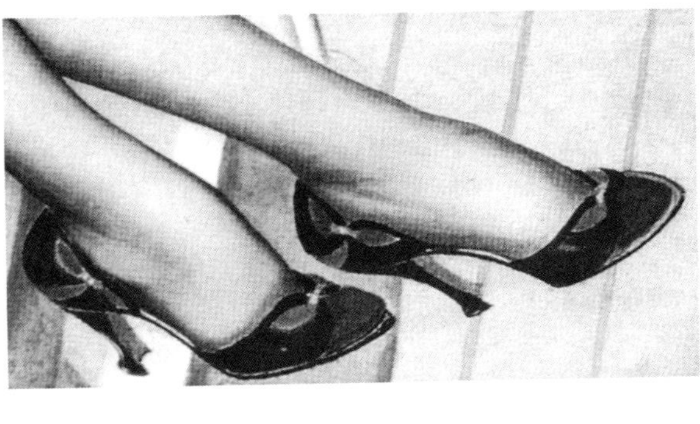

Entretien : cirage de la marque Shaphir de luxe, en vente dans les drogueries spécialisées et dans quelques Grands Magasins.

Daim
Fragile, élégant et féminin.

Entretien : se limite au brossage avec une brosse spéciale. Drogueries, Grands Magasins, grandes surfaces. S'il est très sale, on peut le brosser avec de l'eau additionnée d'un peu de Scrub, en vente dans les drogueries.

Vernis
Solide, se marie avec des formes fines et sophistiquées et des talons fins. Pas de mocassins vernis à talons bottier par exemple.

Entretien : avec un coton imbibé d'huile à salade ; lustrer ensuite avec un chiffon doux.

Satin et velours : pour le soir.
Entretien : brosse douce.

Toile : pour les temps chauds.
Entretien : aucun. Se salit et ne se rattrape pas.

Quand l'intérieur des chaussures est en cuir, on le lave de temps à autre avec une vieille brosse à ongles en nylon et un peu de produit à vaisselle dilué. On essuie bien et on bourre la chaussure de papier le temps qu'elle soit tout à fait sèche.

Pas de semelles intérieures en matières synthétiques, elles ne laissent pas le pied respirer comme il faut et augmentent la transpiration.

Avec des jupes courtes, droites ou plissées, elle aime une fine chaussure de daim ou de chevreau, à talons fins et hauts, ou bien une petite ballerine, à bout rond, bien échancrée et à talon de 3 centimètres, qu'elle met aussi avec des robes un peu longues, taillées dans le biais, bien cintrées et qui bougent, avec des petites robes droites et bien courtes, et aussi avec des pantalons cigarette.

Sous une jupe d'hiver, longue et chaude, sous un long manteau, elle porte à la russe des bottes qui plissent aux chevilles ou, à la lorette, de fines bottines lacées.

Ce qui lui plaît plus que tout, ce sont les mules à talon bobine ; bien dégagées sur le cou-de-pied et que l'on balance sur la pointe des orteils. Elle en met l'hiver chez elle, en pantoufles bordées de cygne, et l'été dans la rue et à la plage.

Elle aime aussi les sandales découpées, aux lanières étroites et aux talons hauts qui mettent en valeur un pied fin, une cheville fine, une jolie jambe ; à talons plats, ce sont des chaussures d'été auxquelles le doré va bien.

Quand il fait beau, on les met avec toutes les robes possibles et imaginables, surtout celles à volants pour lesquelles elles semblent avoir été inventées. La bride autour de la cheville, c'est Dédée d'Anvers, les bars louches et les ports. A condition que le reste de la tenue ne soit pas par trop provocant, la coquette en met à l'occasion, pour sortir, pour danser.

Escarpin, ballerine ou mule, le cou-de-pied est bien dégagé, la découpe ronde découvrant la naissance des orteils. Une empeigne emboîtante peut être élégante, elle est toujours sévère.

Reste le problème du sport et de la marche. Si elle pratique un sport, elle met les chaussures qui y sont adaptées, quelle qu'en soit la laideur. Pour la marche en ville qu'elle affectionne, les ballerines conviennent à la belle saison. L'hiver, ce sont des bottines confortables à petits talons, à porter souvent chez le cordonnier dans les deux hypothèses.

On agrémente escarpins et ballerines de nœuds de gros-grain ou de satin ou de boucles d'acier.

La coquette a un goût prononcé pour les chaussures de couleurs vives qui relèvent la tenue et lui donnent une pointe d'excentricité agréable. Rouges, vertes ou violettes, elles pimentent comme il faut un vêtement de ville et de travail, qui est par ailleurs fonctionnel.

Au pied, une couleur éclatante fait toujours son effet. Les souliers qu'on retire sont aussitôt garnis d'embauchoirs qui les maintiennent en forme et leur assurent une longue vie. Indispensable surtout quand les chaussures ont pris l'eau. A défaut d'embauchoirs, elle les bourre avec du papier journal. Pour leur bonne conservation, il faudrait pouvoir changer de chaussures tous les jours, alterner au moins.

La coquette est fidèle à une marque de ballerines : Repetto. Elles sont en cuir de toutes les couleurs, souples et confortables comme des pantoufles. C'est un modèle qui est suivi depuis quarante ans et qui a ses adeptes dans le monde entier. Le bout rond fait le pied petit, le talon de deux centimètres et demi donne une cambrure suffisante pour de longues marches en ville. La maison mère, où l'on trouve par ailleurs tout ce qu'il faut pour la danse, est sise au n° 22 de la rue de la Paix, dans le 1er arrondissement de Paris.

GANTS
PARFUMERIE
DENTELLES·FLEURS
BAS · BROSSERIE

Les accessoires

Lorsqu'elle a décidé de sa tenue, chaussures et vêtements, selon ses occupations et le temps qu'il fait, la coquette n'en a pas terminé pour autant avec sa toilette.

C'est avec les accessoires qu'elle s'amuse.

Tandis qu'elle se contente, quand elle ne peut faire autrement, d'une quantité restreinte de vêtements comportant les bases indispensables, à l'inverse elle dispose d'un large éventail d'accessoires qui lui permettent de varier ses tenues, de donner selon son envie tel ou tel accent, telle ou telle nuance, de parer, d'orner.

Les accessoires ont l'avantage d'exiger des mises de fonds plus modestes que le corps de la toilette.

La coquette sait toujours dénicher un bout de dentelle, une paire d'anneaux, une mousseline, un foulard, une fleur, dans une mercerie perdue comme dans la plus anonyme des grandes surfaces, et ce pour de petites sommes. De plus, les accessoires ne se démodent pas, on garde toute une vie un bijou, un sac de perles, une cravate de fourrure, une écharpe.

De fait, c'est son domaine de prédilection. Sur le thème choisi, selon circonstance et météo, elle va broder avec tout l'attirail qu'elle a à sa disposition.

Le nécessaire et les accessoires

Elle prend son temps. Quand elle en a, elle le préserve ; quand il lui manque, elle en trouve.
Le temps, c'est comme l'argent, les unes se débrouillent pour en avoir toujours, les autres sont toujours à court. Mystères inexpliqués.
On peut faire une coquette avec peu d'argent, on n'en fait pas sans loisirs. On aura compris que son seul vrai luxe, celui auquel elle ne renonce pas, c'est du temps à soi, denrée périssable par essence, rare, précieuse, difficilement compatible avec la réussite, incompatible avec le goût du pouvoir, souvent assimilé par les ignorants à du temps perdu.

Poudré poivré est son mélange préféré.
La coquette raisonnable est veloutée comme de la poudre de riz, relevée comme du poivre, c'est vrai pour son parfum, ses tenues et son esprit.

Elle aime ce qui pique et ce qui réveille. Voilà pourquoi elle met à son revers une fleur flamboyante ou un papillon brillant, voilà pourquoi ses souliers sont rouges et ses gants violets.
Indispensables accessoires. Ils donnent le ton, relèvent le goût, font barrage à l'ennui toujours menaçant. La coquette n'aime pas s'ennuyer.

Trois gouttes d'essence d'iris ou d'œillet sur les pétales en velours de la rose rouge épinglée à l'échancrure du corsage la parfument pour toute une soirée. Le velours retient mieux l'odeur que la soie. Ses déesses tutélaires sont les lingères, les fleuristes, les bouquetières, les mercières, les modistes, les petites mains.
Filiation discrète, efficace, tenace, gardienne des biens de la communauté des coquettes.

Les châles et les écharpes qui protègent la gorge et la poitrine font d'excellentes parures. Ils apportent drapés et couleurs, réveillent un manteau, encadrent le visage, réchauffent un imperméable.

L'écharpe

Longue et large, en maille, elle fait deux fois le tour du cou ; nouée un peu lâche, les pans tombant jusqu'à la taille, elle est douillette et confortable : c'est l'écharpe du froid et des grandes marches dans la campagne.

Courte en drap, à franges, elle est nouée haut et serrée sous le menton en cravate, elle est élégante et tient la tête haute. C'est l'écharpe des villes.

Les châles

Le châle doit être suffisamment grand pour que, croisés sur la poitrine, les pans puissent être négligemment rejetés sur les épaules et qu'ils aillent jusqu'au milieu du dos, comme on le ferait d'une toge. Pas de carrés d'étamine riquiqui couvrant à peine poitrine et omoplates.

Châles et écharpes sont en tissus fins pour se plier avec souplesse aux nœuds et aux drapés, de couleurs éclatantes comme un claquement de castagnettes, rouge, bleu roi, vert mousse ou véronèse, violet, roux, jaune. Ils font chanter le plus morne des manteaux.

Un châle n'est jamais en maille, en tricot ou en crochet, toutes façons qui lui donnent mollesse et mesquinerie.

Les foulards

Elle voue aux gémonies le carré de soie noué en cravate cavalière à l'intérieur d'un col de chemisier, dans le genre collet-monté et bien-pensant.

Ses foulards sont petits et légers, en mousseline, en pongé de soie, en plumetis, en voilette, noués autour du cou près du visage, coques bouffantes, ornant un décolleté, égayant un pull.

Les rubans

Les vieilles coquettes n'ont pas renoncé au ruban de velours ou de gros-grain, noir, gris ou parme, serré autour du cou. Moins coûteux qu'un lifting, c'est une assez jolie façon d'arranger la vieillesse.

Pour les plus jeunes, celles qui ont un joli cou, il n'est pas interdit à l'occasion d'une sortie de nouer un ruban de couleur vive, assorti à la robe ou aux chaussures. Petit air coquin et désuet qui exhale la fraîcheur de leurs traits.

Les fleurs

Les femmes et les fleurs ont partie liée, dans la littérature poétique et romanesque, dans l'art de la parure, dans la science des parfums, dans la décoration des maisons.

On donne des fleurs aux femmes, en hommage, en marque de reconnaissance, de respect, de dévotion, d'amour. On glisse dans les bouquets des lettres et des bijoux.

Les femmes aiment les fleurs chez elles, sur elles.

La mode pourtant n'est plus aux fleurs artificielles. Sur ce point comme sur beaucoup d'autres, la coquette tient bon et, fidèle à leur histoire commune, persiste le soir à orner ses robes de fleurs aux pistils craquants et glacés, en velours et en soie, note colorée poétique et sensuelle.

La fleur artificielle est un art. La coquette reconnaît sans se tromper la fleur artisanale fabriquée dans des ateliers par des ouvrières spécialisées, de la fleur produite en série, raide, en tissu grossier dont les pétales sont tous semblables et la tige en plastique.

Une jolie fleur artificielle est tout en soie ou mieux en soie et en velours jouant sur le contraste, bord de velours, cœur de soie, chaque pétale est roulé et collé à la main. La tige est flexible et recouverte de tissu vert. Légère, elle tremble à chaque mouvement. Après y avoir mis une goutte de parfum, on la pose entre les seins, sur le revers d'une veste, parfois plus rarement, parce que c'est plus habillé, on la met à la taille.

A Paris, les plus belles sont chez Trousselier, 73, bd Haussmann dans le 8e arrondissement. On en trouve aussi dans les boutiques des grands couturiers, avenue Montaigne, à des prix élevés mais pas inabordables.

Les gants

Les gants sont faits pour protéger du froid et du soleil qui tache les mains.

Les gants, comme tout ce qui protège du froid en matière d'habillement, est sujet à interprétation. On peut aimer de larges gants de tricot jaune ou des gants à manchettes en chevreau glacé. Dans les deux cas, ils remplissent leur office, la coquette opte pour les seconds. Gants de peau fine pour la demi-saison, doublés de soie ou de petite laine pour l'hiver. La manchette qui couvre le poignet et le dépasse d'au moins

deux doigts affine la main ; plus elle est haute et froncée au poignet, plus le gant est élégant. Jusqu'au coude et plus haut, c'est un gant habillé pour les grands soirs, il est alors en soie ou en velours.

Un joli gant est un accessoire séduisant, on en joue, on le met, on l'enlève, une main avec, une main sans. Autrefois, les messieurs repoussaient délicatement la manchette pour déposer un baiser sur le revers du poignet. On enlève son gant pour toucher la main d'une connaissance, d'un ami.

La coquette ne recherche pas les gants fantaisie, elle les préfère simples pour la pureté de la ligne. Elle en a au minimum deux paires, noir et marron. Si elle peut, elle s'offre plusieurs paires de couleurs vives, rouge, vert et violet, pour trancher sur des vêtements sombres.

Deux bonnes adresses pour les gants : Old

England encore et la Maison Mériau, 81, rue du Bac, dans le 7e arrondissement. Les beaux gants sont français.

Les sacs

Elle a besoin d'un sac pour mettre ses papiers, son carnet de chèques, son nécessaire de beauté, son mouchoir et le petit parapluie pliant qui ne la quitte pas, sans compter l'agenda, le roman qu'elle est en train de lire, le dossier sur lequel elle travaille et un walkman.

Il y a deux types de sacs, du jour et du soir. Dans le premier cas, elle cultive le plutôt grand et dans le second le plutôt petit, avec une attention particulière pour les tailles moyennes qui sont délicates à manier.

Dans la journée, elle adopte le cabas rectangulaire à larges anses souples pour pouvoir fourrer tout son bazar. Elle le porte à l'épaule. Il est en cuir souple, en couleur et en imitation de reptile, de couleur claquante pour le printemps et l'été, dans les bronze et les roux pour l'automne et l'hiver. A condition de se tenir bien droite, un grand sac balancé sur l'épaule donne une allure dégagée et flatteuse, même pour les petites femmes.

Pour le soir, c'est le petit sac qui l'emporte, voire la pochette qu'on tient dans la main et dans laquelle on glisse le strict nécessaire : un poudrier, un peigne, du rouge, un mouchoir, un peu d'argent et une carte d'identité... Ce sac est en velours, en soie, en lamé.

Le sac de taille moyenne à anses rigides tenu à bout de bras donne un air emprunté, en revanche il est très portable en bandoulière jusqu'à la taille, surtout en cuir fantaisie, molletonné, gaufré ou à motifs, à pompons et à glands.

Chapeaux

Jusqu'après la dernière guerre mondiale, les chapeaux étaient un élément fondamental de la toilette des femmes. Il y en avait de ravissants et pour toutes les occasions. Rares étaient celles qui sortaient « en cheveux ». La modiste, aujourd'hui disparue, était un personnage central qui tenait dans la vie d'une coquette la place occupée maintenant par son coiffeur.

Il est vrai que les femmes portaient les cheveux longs. Elles les soignaient à domicile, elles les coiffaient en chignon, elles les lavaient peu et avaient recours au coiffeur surtout pour des sorties ou des soirées particulières. Autrefois, c'étaient les hommes qui allaient régulièrement chez le barbier, lequel faisait également office de coiffeur. Il n'y avait pas, sur rue, de boutique de coiffeur pour dames.

La mode des cheveux courts a peu à peu tout changé et finalement a condamné le chapeau à mort.

De nos jours et dans nos climats, sauf dans des circonstances précises, sociales et surtout atmosphériques, telles que grand soleil ou grand froid, le port du chapeau est problématique, souvent affecté. Et, qui plus est, ce qui était un accessoire éminemment féminin s'est retourné en son contraire. La plupart du temps les femmes qui mettent un chapeau en font, consciemment ou non et par des processus mystérieux, un signe de revendication d'un statut identique à celui de l'homme. D'où désastre esthétique.

La coquette ne porte pas le chapeau, et si pour une raison ou une autre elle y est contrainte, elle choisira un semblant de chapeau, une fleur, un nœud de voilette, un petit bouquet de plumes, enfin presque rien.

En revanche, elle est, à la belle saison, grande consommatrice de chapeaux de paille à larges bords qui protègent son visage des rayons meurtriers de l'astre du jour.

Bijoux

Entre la femme et les bijoux, c'est une vieille histoire.

La coquette ne plaisante pas avec les bijoux. Leur histoire d'amour se perd dans la nuit des temps. Les bijoux sont des talismans. Elle les tient de sa mère, de sa grand-mère, de sa belle-mère, de son homme, transmission de la féminité, gage d'amour et d'échange.

La grand-mère donne à sa petite-fille son premier bracelet quand elle devient jeune fille, la mère une bague, un collier quand elle se marie, l'homme un anneau à sa fiancée, puis, au long du chemin qu'ils feront ensemble, des cailloux qui brillent, naissances, anniversaires, dates. La coquette en jouit sans retenue. Les bijoux, c'est le cadeau par excellence. Un homme qui n'en offre pas à sa femme n'est pas digne de ce nom, et du reste c'est signe qu'il ne l'aime pas. La coquette qui n'est pas hypocrite est sensible à la valeur marchande du cadeau, mais il y a plus. Elle aime les bijoux qui lui ressemblent et gare à l'homme qui se trompe, c'est qu'il n'a rien compris et qu'il est bon à jeter. Si elle se donne, elle attend qu'on lui donne en retour. Toc ou pas, les bijoux, c'est le retour de l'amour. Ce qui la met hors d'elle, c'est le solitaire coté à Anvers et à Tokyo, les bijoux édités à des millions d'exemplaires et achetés entre deux avions, et les copies d'ancien… Ces bijoux-là ne sont pas des présents, ce sont des erreurs et elle rompt sur l'heure. Ce qu'il lui faut, c'est la pièce unique, non par son prix mais par sa singularité, petit bijou ancien porté avant elle par des coquettes d'un autre temps, finement travaillé, petites pierres modestes mais charmantes, grenats, citrines, opales, pierres de lune, cailloux du Rhin, saphirs blancs, perles baroques.

Plutôt qu'un diamant insolent et sans génie, elle préfère un brillant sans grand prix, taillé à l'ancienne, orné de fleurs, de nœuds, de fruits, d'oiseaux qui tiennent dans leur bec une perle. Montures fines et délicates, reflets chantants. Elle n'aime que les bijoux qui se portent à même la peau et elle délaisse le triste rang de perles posé sur

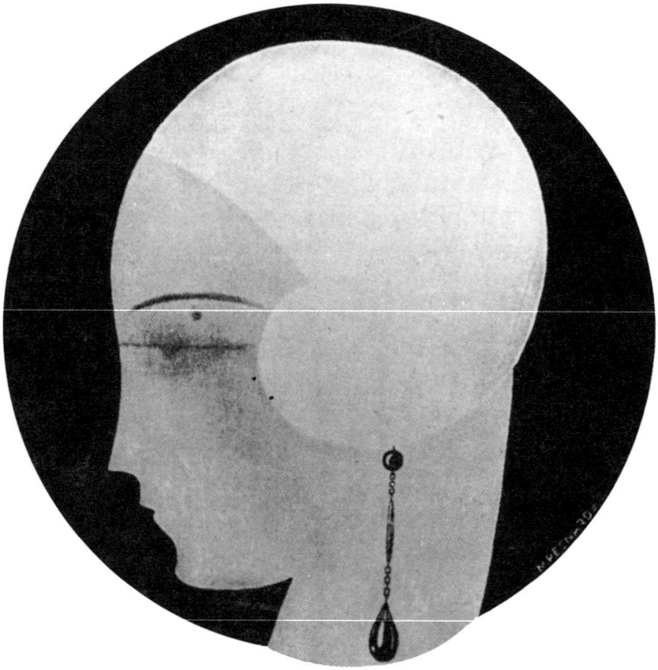

le chemisier. Elle délaisse aussi la broche qui ferme le col du même chemisier, ou que l'on pique sur le revers de la veste du tailleur, toutes choses enfin qui rappellent des décorations, ordre du mérite ou palmes académiques. Reste un vaste choix : bagues, colliers, bracelets, boucles d'oreilles.

Si les perles ont mauvaise presse du fait de leur mauvaise utilisation décrite ci-dessus, bien traitées elles font le plus sensuel des bijoux, lourde goutte nacrée pendant d'une oreille délicate, collier à double ou triple rang, torsadé, en sautoir, près du cou faisant collier de chien, dont l'orient se ravive sans cesse au contact de la peau, bracelet qui roule le long du bras. En bague, la perle est un peu triste, sauf à être baroque, coupée par moitié et montée à la Lalique, avec or et émaux par exemple.

Bagues et boucles d'oreilles se portent tous les jours, au travail, en ville, en vacances. Ses doigts ne sont pas chargés de bagues. Elle en met une, deux tout au plus, à l'annulaire et au petit doigt, jamais au majeur ni à l'index, elle aime les anneaux, larges et étroits, les bagues dont la monture ouvragée, ajourée, fine et plate enserre le doigt et couvre la phalange. Elle est peu amateur de grosses pierres lourdement montées. Elle porte des cabochons en chevalière au petit doigt, joli effet de contraste du lourd bijou dont le poids semble entraîner la petite main. Elle se méfie des marquises et des navettes qui, ravissantes en soi, sont un vrai désastre sur un doigt un peu épais.

Elle choisit ses boucles d'oreilles dans le même esprit que ses bagues, délicates (les boucles anciennes sont toutes pour oreilles percées) : courts pendentifs, perles en poires, petits anneaux, gouttes de diamant vrai ou faux. Pas de boucles mastoc et barbares qui arrachent le lobe de l'oreille, ou qui le pincent désespérément.

Proportions toujours : à mains fortes bagues conséquentes, à cou de cygne longs pendants d'oreilles et collier de chien, aux beautés sculpturales parures majestueuses, aux écologistes sautoirs de haricots secs, aux jeunesses bijoux *high tech* et consorts, arêtes vives, formes géométriques, etc.

Les colliers sont toujours plus jolis sur une gorge décolletée que sur un pull ou un chemisier où ils prennent inévitablement l'air respectable.

Les bracelets sont souples sur un poignet mince, lourds et rigides sur poignet épais.

Parfums

Il n'y a pas de parfum en soi, il y a le parfum qui lui va, celui qui se marie à l'odeur de son corps et de ses cheveux, qui lui est si naturel qu'elle ne le sent même plus.

Il imprègne ses vêtements, son armoire, sa maison.

Il l'évoque en son absence. Quand elle a trouvé le bon, elle hésite à en changer.

Il n'entête en aucun cas. C'est pourquoi, elle préfère les eaux de toilette aux essences qui donnent la migraine. Elle y assortit une huile pour après le bain et une poudre de talc.

La poudre de talc est un moyen subtil et efficace de se parfumer. Elle en use abondamment, sur tout le corps y compris les pieds. Quand il fait chaud, le talc parfumé remplace avantageusement l'eau de toilette, il fait obstacle à la transpiration.

Pour parfumer ses vêtements, elle se sert des essences dont elle imprègne (quelques gouttes suffisent) des carrés de flanelle ou de feutre, qu'elle achète au mètre et qu'elle découpe elle-même. Elle les place dans ses tiroirs et dans sa penderie. On peut aussi utiliser les savons parfumés qu'on sort de leur boîte et qu'on glisse entre les piles de linge.

Dans ce domaine, elle ne peut pas économiser. Les bons parfums et les produits qui en dérivent sont tirés d'essences coûteuses que l'on fait payer cher aux consommateurs.

Les grandes marques sont françaises. Quelques-unes de préférence à tout autre : Guerlain, à Paris sur les Champs-Élysées, rue du Faubourg-Saint-Honoré au coin de la place Vendôme, rue de Sèvres, tour Maine-Montparnasse, rue de Passy et chez des dépositaires agréés en province et à l'étranger ; la vieille maison Caron qui possède des trésors, dans sa maison mère de l'avenue Montaigne en face de chez Dior (qui à elle seule vaut le détour) et dans les Grands Magasins, et la jeune Annick Goutal, 14, rue de Castiglione dans le 1er arrondissement, et dans le 7e arrondissement au 16, rue de Bellechasse.

La marque anglaise Floris, en vente notamment chez Old England, au Grain de Beauté, 9, rue du Cherche-Midi dans le 6e arrondissement et 9, rue Gustave-Courbet dans le 16e, ainsi que chez Dyptique, 34, bd Saint-Germain dans le 5e, a d'excellents parfums de fleurs avec toute la gamme de produits assortis. Quelques grands parfums tombés dans l'oubli : « Nuit de Noël » et « Bellodgia » de Caron, « Après l'ondée » de Guerlain, « Je reviens » de Worth.

La parfumerie, comme toute marchandise, suit la mode. Il est possible à l'odeur de reconnaître la date approximative de création d'un parfum, poudré ou musqué au début du siècle, poivré et fleuri vers les années vingt, boisé et vert dans les années cinquante, fleurs blanches dans les années quatre-vingt, etc., d'où grand risque de sentir comme la première venue si l'on choisit son parfum dans les créations récentes même de bonne qualité (exception faite d'« Heures précieuses » d'Annick Goutal qui simule à la perfection une odeur de début de siècle ; malheureusement il ne tient pas).

Voilà pourquoi la coquette dans ce domaine se fait volontiers archéologue. Elle recherche les parfums anciens et les rééditions rares, pour dénicher celui qui lui va autant qu'il la distingue. Toutefois, elle n'utilise pas le contenu de vieux flacons, car les parfums se dénaturent avec le temps, formule ancienne, mais fabrication récente.

L'eau de toilette se vaporise généreusement sur toute la personne, y compris cheveux et vêtements, en revanche l'essence se met parcimonieusement, avec le bouchon du flacon, là où les veines battent : base du cou, creux du bras, poi-

gnets et si l'on veut derrière l'oreille et à la naissance des seins. Une coquette ne se sert jamais d'un vaporisateur quand il s'agit d'essence, c'est une hérésie, malheureusement répandue.

Hygiène et exercices

Culotte "Vélo-Ski"
MADOR
PARIS
EST INDISPENSABLE AUX SPORTIVES ÉLÉGANTES

Un bien inaliénable

Hygiène : « Ensemble des principes et des pratiques tendant à préserver, à améliorer la santé. » *Petit Robert*, 1990, p. 949

Santé : « Bon état physiologique d'un être vivant, fonctionnement régulier et harmonieux de l'organisme pendant une période appréciable. » *Idem*, p. 1762.

La bonne santé est la base de toute l'affaire, et la coquette estime qu'« une période appréciable » est une bonne mesure.
Mauvaise santé, mauvaise mine, mauvaise figure, donc la coquette raisonnable est en bonne santé. Elle observe avec sérieux quelques règles de base, ni trop pénibles ni trop contraignantes, nommées « maintenance de la personne en bonne forme, dans la mesure du possible et dans les limites de l'agréable ». Toutes ces règles, bien sûr, souffrent des exceptions.

Son corps est, sauf catastrophe, son seul bien matériel inaliénable. Elle le soigne. Dans son apparence comme décrit ci-dessus, et sur le fond, pour autant que c'est en son pouvoir. Régimes alimentaires, règles d'hygiène et exercices physiques, choses qui dessinent, somme toute, une existence assez régulière.

Aucun maquillage ne vient à bout d'un visage défait par l'alcool, le tabac et les médicaments.

L'exercice, et l'exercice seul, notamment tout ce qui intéresse les muscles du dos, préserve le maintien et l'allure qui donnent à la coquette un atout majeur : un beau port.
Une femme qui se tient bien a fait la moitié du chemin de la beauté. Ceci est une vérité première ignorée de la plupart des intéressées.

Le sommeil et la chambre

Elle aime dormir.

Le sommeil d'avant minuit est le meilleur ami de sa fraîcheur et de son éclat. Voilà pourquoi souvent elle se couche de bonne heure.

En temps ordinaire, 8 heures de sommeil par nuit est une bonne mesure.

Quand elle s'est couchée tard, elle sait que dormir jusqu'à midi ne sert à rien. Il faut une vraie nuit, la nuit suivante, de 8 à 9 heures bien comptées, pour récupérer vraiment de sa fatigue et retrouver une bonne mine.

Il y a sommeil et sommeil. Un sommeil réparateur exige des conditions de silence et de bonne aération. Le bruit nuit au repos, dormir dans une pièce trop chauffée donne des cauchemars. Chauffage fermé la nuit et fenêtres ouvertes même par grands froids.

Autant que faire se peut, elle choisit la chambre à coucher sur jardin ou sur cour. Si c'est impossible, elle a recours aux boules Quiès qui atténuent notablement les bruits. Une seule boule coupée en deux suffit. On les chauffe préalablement dans le creux de la main avant de les enfoncer assez profondément dans les oreilles.

Pour un sommeil de bonne qualité, elle oriente

son lit d'est en ouest, accordant le cycle de son sommeil à celui de la nuit qui passe et du jour qui se lève.

Le pied du lit est surélevé par rapport à la tête du lit pour assurer une bonne circulation du sang dans la position couchée. Pour ce faire, elle utilise soit des cales en verre qu'on met sous les pieds des pianos et qu'elle achète dans les magasins d'instruments de musique (par exemple la maison Hamm, au 135 de la rue de Rennes à Paris, dans le 6e arrondissement, ou chez Paul Beuscher, au n° 27 du bd Beaumarchais, à Paris dans le 4e arrondissement), soit des cales en bois, ou à défaut de bottins périmés.

Les couleurs de la chambre à coucher – papiers, peintures et tissus – sont douces. Pas de couleurs froides ou trop vives qui donnent un vilain reflet à la peau et qui énervent.

Lumières indirectes, ni lustre ni plafonnier, pas non plus d'appliques, qui diffusent une lumière crue, à la fois fatigante et vilaine, mais des lampes posées çà et là. Les abat-jour roses, s'ils s'accordent avec la décoration, donnent la lumière la plus avantageuse, sinon un joli crème ne nuit pas.

Éviter la télévision dans la chambre à coucher, même si c'est bien agréable de regarder un bon film de son lit. La télévision est un appareil qui détruit le calme nécessaire au repos et au caractère retiré, à l'abri du monde, qui sied à la chambre.

Le lit et la literie

Le choix de ce « meuble destiné au coucher », ainsi qu'il est défini dans le dictionnaire, mérite beaucoup de soins. Elle y passe beaucoup de temps, et, si un bon lit ne suffit pas à donner un bon sommeil, un mauvais lit, en revanche, en

donne incontestablement un mauvais. C'est donc un investissement nécessairement coûteux.

Le matelas doit être bien plat et ferme. On le retourne deux fois par an s'il est conçu avec une face hiver et une face été, une fois par semaine s'il s'agit d'un matelas tapissier traditionnel pour qu'il ne se creuse pas dans le milieu.

Les draps sont en métis (moitié coton, moitié lin), ou en pur coton, longues fibres de préférence. Le métis fait un drap un peu lourd, le coton longue fibre un drap très doux et très léger. Pour la literie, elle écarte sans appel les tissus synthétiques qui sont froids en hiver et chauds en été et qui, comme on l'a vu plus haut, donnent une transpiration acide et malodorante.

Les draps sont changés une fois par semaine et lavés à l'eau très chaude, bouillante si possible, avec un détergent doux.

Les couvertures sont elles aussi en fibres naturelles, pour les mêmes raisons. Elles sont en pure laine vierge ou, si les finances le permettent, en mohair, alpaga, mérinos ou vigogne, matières chaudes et légères.

Elles sont lavées deux fois par an, aux solstices d'hiver et d'été, à l'eau froide, avec un détergent doux, sans essorage.

La coquette dort à plat, soit sans oreiller, soit sur un oreiller assez mince, pour ralentir et limiter l'apparition du double menton.

Si elle a mal au dos, ou à la nuque, elle glisse sous son cou une petite serviette éponge étroitement roulée qui éloigne les douleurs en soutenant la nuque et en la maintenant dans la bonne position.

Pour s'endormir, un peu avant d'éteindre, elle prend une cuillerée à dessert de miel qu'elle laisse fondre lentement dans la bouche.

En cas d'insomnie, un verre de lait chaud, abondamment sucré avec du miel d'acacia.

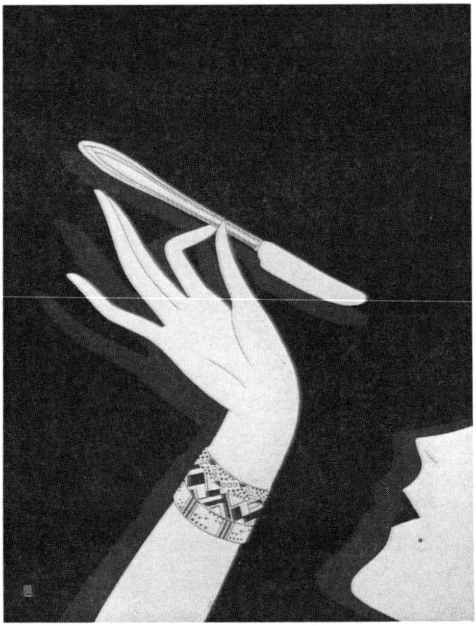

Manger et boire

Quelques règles simples

Tous les jours que Dieu fait, au réveil, un grand verre d'eau tiède si possible, et à jeun. Les effets de ce geste simple sur la régularité du transit intestinal sont spectaculaires et se répercutent immédiatement sur le teint. A bon transit, teint clair.

La coquette se plie sans grand mal à la règle des trois repas :

– Petit déjeuner abondant, assise devant un vrai couvert pour un vrai repas. Ce premier repas est le mieux assimilé par un organisme reposé, il donne des forces pour attaquer la journée, il ne faut pas le négliger.

Agrumes frais pressés, oranges ou pamplemousses ou mélange des deux. Thé, café ou chocolat, avec un faible pour le thé plus léger à digérer en début de journée, œufs en tous genres, à la coque, au plat, brouillés ou durs en période de régime, céréales, fromages, pain de son, beurre, miel, confitures et fruits (le kiwi est un fruit très riche en vitamines et très rafraîchissant pour terminer le petit déjeuner).

– Le déjeuner doit lui aussi être pris sans se presser. Elle mange un plat chaud de viande ou de poisson, ou une soupe pho qui est un repas à lui tout seul, et un dessert. En général, elle ne boit pas d'alcool, sauf occasion.

Les nourritures chaudes sont bonnes pour le corps, et ce qui est bon pour le corps est bon pour l'âme.

Elle ne néglige pas le dessert, car elle a besoin du sucre qui calme et qui reconstitue.

Comme la nourriture du soir profite plus que les autres, et qu'en trop grande quantité elle gâte le sommeil, son dîner est léger : soupe de légumes, salade, fromage et compote lui suffisent en temps ordinaires.

Elle prend toujours son temps pour manger. C'est une règle sacrée.

Autre règle tout aussi sacrée : elle mange ce qu'elle aime.

Plutôt que de le prendre après le déjeuner comme c'est la coutume, elle préfère prendre son café le matin vers 11 heures et vers 4 heures de l'après-midi. Loin des repas, il se digère mieux et son effet est plus stimulant. Pris avant 16 h 30 il n'empêche pas de dormir.

Après le déjeuner ou le dîner, en revanche, elle boit volontiers une tisane.

A l'occasion, une petite collation à 5 heures, thé et biscuits, donne un petit coup de fouet pour terminer la journée.

De temps à autre, un vrai gueuleton est le bienvenu.

Coquetterie et gourmandise font bon ménage.

Du jeûne

Deux fois par trimestre, elle jeûne. Une journée entière est consacrée à cet exercice qui a pour but de reposer l'organisme et de nettoyer la peau.

La veille du jour choisi, elle prépare trois litres

de bouillon de légumes : dans trois litres et demi d'eau froide filtrée à l'aide des filtres « Brita » (système ingénieux et pas trop cher qu'on trouve dans les magasins spécialisés dans les ustensiles de cuisine et dans certaines brûleries de café), elle plonge deux blancs de poireaux, deux carottes grossièrement coupées, un gros oignon, un bon morceau de céleri-rave ou du céleri en branche selon la saison, deux navets et deux cuillerées à café de gros sel non raffiné. Elle porte à ébullition et laisse bouillotter trois quarts d'heure. En fin de cuisson, elle ajoute une poignée de persil plat. Elle passe le tout au chinois et met le liquide obtenu au réfrigérateur jusqu'au lendemain.

Elle décroche le téléphone et au besoin prend un cachet léger pour être sûre de passer une bonne nuit au préalable.

Le jour dit, pas de réveille-matin. Elle se lève quand elle en a envie et souvent prolonge une grasse matinée au lit avec un livre divertissant. Pas de lectures sérieuses les jours de jeûne. Elle veille ce jour-là à ce que l'appartement soit particulièrement bien aéré ; une atmosphère confinée ne convient pas au jeûne de la coquette raisonnable.

Pour se soutenir, elle boit un ou deux grands bols de bouillon de légumes, froid ou chaud. Le bouillon sera la seule nourriture de la journée, avec, si elle le désire, des verres d'eau de Vichy Celestin aux propriétés digestives reconnues.

Ensuite, elle profite de son oisiveté pour entreprendre la grande toilette décrite précédemment dans toutes ses étapes, puisque le temps lui est donné.

A déjeuner, encore du bouillon, et elle se recouche. Inutile de préciser que, ces jours-là, elle n'y est pour personne.

L'appétit

La coquette est gourmande. Son appétit de vivre inclut l'appétit tout court, ce qui lui occasionne parfois des petits problèmes de poids, assez minimes cependant, car elle se range sans hésitation du côté des rondes, et des joies que procurent les nourritures terrestres.

Dans ses commencements, l'état amoureux lui coupe l'appétit. Il lui revient vite, et plus aiguisé, si les choses prennent bonne tournure.

Quand elle a faim, elle est de mauvaise humeur.

Aimer les mêmes nourritures augure bien d'une relation amoureuse. La coquette se méfie des femmes qui chipotent, et ne supporte pas un homme qui n'aime pas manger.
Aussi éloignée de la voracité que de l'anorexie, elle applique à la nourriture ses principes habituels, discernement et mesure, dans le but d'obtenir le maximum de satisfaction.
Elle ne se préoccupe de son poids que lorsqu'elle ne peut plus fermer ses jupes. « Des poignées d'amour sont préférables à des salières » est une de ses devises.
Un verre d'alcool pris au bon moment peut décider du bonheur d'une coquette timide, ou momentanément cafardeuse, en lui déliant la langue et en lui faisant voir la vie du bon côté, ce qui dans le domaine des relations humaines donne de bons résultats.

« Les huîtres, c'est comme l'amour la première fois, ça surprend et après on ne peut plus s'en passer », disait une grand-mère coquette à ses petites-filles alors qu'elles étaient de passage à Concarneau.

On est fait aussi de ce que l'on mange et de ce que l'on boit. Elle aime les nourritures légères et savoureuses qui la laissent en éveil, plutôt que les plats lourds qui endorment les sens et qui donnent de la couperose.

Pour se distraire, la lecture, ou à la rigueur un film délassant au magnétoscope. Rien en direct. Elle est hors circuit pour 24 heures. Le jeûne a pour but de nettoyer le corps et la tête. Bouillon à 4 heures et bouillon le soir.

Des coquettes pratiquent cet exercice à plusieurs. En ce qui la concerne, elle pense que la solitude donne en l'occurrence de meilleurs résultats, en ménageant un calme véritable. La réunion en milieu fermé de plusieurs coquettes risque d'entraîner une excitation incompatible avec le jeûne.

Après une telle journée, le corps est reposé, la peau retrouve son éclat.

Nourritures indispensables et bienfaisantes

L'huile d'olive

De première pression, extraite à froid.

L'huile d'olive verte peu fruitée est celle qui convient aux soins du corps, car c'est la moins parfumée.

Pour l'assaisonnement, l'huile d'olive noire très fruitée est plus savoureuse.

L'huile d'olive qui accompagne toutes les crudités peut aussi assaisonner les pommes de terre, les pâtes ou le poisson poché. Elle est réputée moins nocive pour les artères que le beurre. Elle se conserve dans l'obscurité.

Mêmes adresses que celles indiquées pour les soins de beauté. On peut ajouter l'huile d'olive de chez Hédiard. Elle est excellente et pas beaucoup plus chère qu'ailleurs.

Hédiard : 21, place de la Madeleine, dans le 8e arrondissement ; 126, rue du Bac, dans le 7e arrondissement ; 70, avenue Paul-Doumer, dans le 16e arrondissement ; 16, rue Linois, dans le 15e arrondissement.

Maison Cornu : 82, rue de Clichy, à Paris dans le 9e arrondissement.

Le citron

Il assaisonne lui aussi les crudités et le poisson. Le zeste parfume la pâtisserie.

Elle en met dans son thé, dans ses grogs, dans le jus de tomate ; elle boit un citron pressé quand elle est fatiguée ou qu'elle a mal au foie.

Le citron blanchit les dents et les ongles ; elle s'en frotte les mains pour enlever les tenaces odeurs de poisson, en fait sécher des morceaux sur les radiateurs pour parfumer la maison. Pour remplir tous ces offices, il faut des citrons non traités car l'écorce est utilisée aussi bien que la pulpe.

Le miel

Il sucre les boissons, le lait chaud, les grogs, il adoucit la gorge, il calme. Il s'assimile mieux que le sucre de canne ou de betterave et il est plein de vitamines.

Elle s'assure que le miel qu'elle achète n'a pas été chauffé, ce qui lui ferait perdre ses bienfaits. S'achète dans les magasins spécialisés. Ceux qu'on trouve dans les grandes surfaces et les Grands Magasins ne lui donnent pas satisfaction.

Autres substances

L'ail donne de la force, les carottes bonne mine, les pommes (sauf les Golden) font les dents blanches et coupent la faim. Les fruits secs – amandes, noix, noisettes – sont bons pour le teint, les ongles et les cheveux. Une pomme, des fruits secs et des tartines de pain de seigle avec de la crème fraîche font un très bon repas.

Quand elle n'a pas envie de faire la cuisine et qu'elle n'a pas très faim, elle se fait une assiette de flocons d'avoine. Outre le pouvoir d'adoucir l'eau du bain, ils sont énergétiques et légers.

La crème fraîche peut souvent remplacer le beurre. Elle est moins calorique.

L'anis étoilé, ou badiane, est une infusion délicieuse qui soigne les maux de ventre légers et qui stimule la digestion.

Les boissons

L'eau

La coquette est grande consommatrice d'eau.

Au réveil et dans la journée entre les repas, à volonté, de grands verres d'eau filtrée, comme indiqué ci-dessus, ou d'eau minérale plate.

En cas de digestion difficile ou de paresse vésiculaire, l'eau de Vichy Celestin est, sans faire des miracles, d'un bon secours. De plus, elle sert utilement à se nettoyer le nez, ce que la coquette ne manque pas de faire journellement quand elle est en ville ; à la campagne c'est moins indispensable (épiceries, rayon alimentation des Grands Magasins et quelques pharmacies).

Les jus de fruits

Frais et bus immédiatement après avoir été pressés, sans quoi ils perdent leur richesse en vitamines. Ils donnent un coup de fouet. Elle en boit beaucoup, surtout le matin, mais avec discernement, car ils sont difficiles à digérer quand le foie est fatigué, ce qui arrive souvent de nos jours et dans nos civilisations, et ne sont pas, contrairement à une opinion communément répandue et erronée, aussi bons que cela pour le teint.

Le grog

Efficace s'il est pris en début de grippe, il saoule agréablement, sans suites pénibles.

Ne pas en abuser tout de même.

Dans un verre à eau, deux doigts de bon rhum, un demi-citron pressé, une cuillerée à bouche de cassonade et de l'eau bouillante à moitié verre. On peut ajouter une pincée de cannelle.

Autres breuvages

Le bouillon de légumes dont la recette a été indiquée plus haut peut avantageusement être bu dans la vie courante, ce qu'elle ne manque pas de faire, à la fois par hygiène et par goût.

Après un repas où elle aurait trop bu, deux cachets d'aspirine et une cuillerée à café de bicarbonate de soude dans un demi-verre d'eau tiède suffisent souvent à éviter la gueule de bois.

Contre le mal de cœur (elle est sujette aux maux de cœur), un thé de Chine non fumé, bien chaud et très léger, additionné de quelques gouttes de citron.

Les bons vins de Bordeaux n'ont jamais fait de mal à personne.

En règle générale, puisqu'à l'occasion elle aime bien boire, elle ne mélange pas les alcools.

Elle a remarqué que la vodka ne donnait pas mal à la tête, non plus que les bonnes marques de whisky. Il va sans dire que, dans tous les cas, elle n'abuse pas, puisqu'elle a horreur d'être malade.

Ses pâtisseries préférées à Paris

La Cigogne, 61, rue de l'Arcade, dans le 8e arrondissement. Petits fours secs à l'anis, et par ailleurs la meilleure choucroute de Paris (à emporter).

Nézard, 3, rue Notre-Dame-des-Champs, dans le 6e arrondissement. Le pain de Gênes y est excellent.

Dalloyau Pons, 2, place Edmond-Rostand, dans le 6e arrondissement. Toujours les macarons les plus subtils de Paris, surtout ceux au café.

Ladurée, 16, rue Royale, dans le 8e arrondissement. Tous les petits sandwiches au pain de mie, le plat du jour et le savarin (la pâte du baba au rhum est aérienne).

Sacha Finkelsztajn, 27, rue des Rosiers, dans le 4e arrondissement. Le struddle aux pommes dit « mamé struddle » ou struddle polonais ; le viennois est plus lourd.

Desmeuzes Bérard, 38, rue du Montparnasse, à l'ombre de l'église Notre-Dame-des-Champs, dans le 6e. Incomparables caramels au chocolat maison.

Et puis, à consommer avec modération, les rahat loukoum d'Israël, rue François-Miron, dans le 4e, au n° 30, les pâtes de fruits d'Hédiard (cf. adresses ci-dessus, p. 166), les fruits confits de Christian Constant (26, rue du Bac, dans le 7e arrondissement), les orangettes de Debauve et Gallais (30, rue des Saints-Pères, dans le 7e arrondissement).

Les exercices

La marche

La marche est son exercice favori. C'est un exercice complet qui n'exige pas de tenue particulière, sauf des chaussures confortables (l'été des ballerines ou des escarpins à petits talons, l'hiver des bottes), et qui se pratique partout et par tous les temps (elle a dans son sac un petit parapluie pliant en cas d'ondée).

Pour que cet exercice soit efficace et que tout le corps soit au travail, elle compte ses pas de centaine en centaine, de façon régulière et rythmée et elle respire à fond, de préférence en fermant la bouche.

Elle marche rapidement en s'arrêtant le moins possible. Elle se tient droite, le cou dégagé, les épaules effacées, en balançant les bras comme un soldat.

Dans une ville comme Paris, on peut pratiquement tout faire à pied et, pour le plaisir, varier les itinéraires et prendre des chemins de traverse en ignorant systématiquement les grandes artères polluées à l'extrême par les pots d'échappement des voitures.

Elle marche tous les jours et ne craint pas les longs trajets, la marche à pied est une question d'habitude. Plus on marche, plus on peut marcher et mieux on se porte, sans parler de l'agrément et de la connaissance très intime qu'on a de sa ville quand on la parcourt à pied, connaissance incompatible avec les trajets en voiture et en métro.

La marche lui garde la silhouette droite et alerte et la vivacité de mouvements qui la caractérise.

De même, tous les jours elle fait quelques mouvements de gymnastique simples et efficaces.

La nage

La nage aussi lui plaît. Plaisir combiné des jeux dans l'eau et des bienfaits de la gymnastique.

Exercice complet qui n'exige ni efforts considérables ni capacités particulières.

Les bains de mer

Elle a le culte des bains de mer. Il lui faut chaque année sa dose d'océan. Dix bains minimum.

Sa préférence va aux océans et aux mers à marées, qui, pense-t-elle, ont, de par les grands mouvements qui les traversent, des effets inouïs sur le corps humain, celui des femmes en particulier, regain de vigueur, prolongation de la jeunesse, garantie de bonne santé.

Elle se baigne volontiers en juin et en septembre, quand il n'y a pas trop de monde sur les plages. Elle choisit des plages propres et ne craint pas l'eau froide, au contraire. L'eau froide la stimule de la tête aux pieds.

Même très vieille, elle continue de prendre des bains de mer. C'est toujours un plaisir, quand son corps par ailleurs ne lui en donne plus beaucoup.

Les piscines

A défaut de la mer, les piscines ont leur utilité, ne serait-ce que pour l'exercice. Elle y fait consciencieusement des longueurs, brasse, nage sur le dos et mouvements en tous genres.

A Paris : piscine de la rue de Pontoise, dans le 5e arrondissement, très élégante avec ses cabines qui donnent sur un bassin de bonne longueur, et la piscine du lycée Henri-IV, dans le 5e également, avec vue sur un jardin.

Mouvements

Les mouvements de gymnastique sont simples et peu nombreux.

Ils ont pour objectif d'entretenir l'agilité et la souplesse. La coquette est vive et gracieuse plutôt que musclée.

Les mouvements de la tête et du cou

A faire absolument tous les jours, lentement et les yeux fermés. Ils entretiennent une bonne irrigation du cerveau, éloignent les maux de tête et profitent à la personne tout entière :

– Promener la tête en rond, en dessinant les plus grands cercles possibles. Dix mouvements dans chaque sens.

– Balancer la tête sans à-coups, d'une épaule à l'autre, en essayant de toucher l'épaule avec l'oreille, épaules fixes.

– Balancer la tête d'avant en arrière, menton sur les seins, occiput bien renversé.

Les petits haltères de 500 grammes

Pour se tenir droite, muscler le dos et maintenir la poitrine :

– bras tendus, vingt cercles, petits et rapides.

– bras tendus, les croiser vingt fois devant soi, dessus, dessous.

– bras tendus devant soi, vingt fois de haut en bas et de bas en haut.

La grande bascule

Jambes écartées, pieds bien à plat à l'aplomb des

hanches, bras ballants, tête souple, elle se plie en deux, la tête le plus bas possible, en accentuant le mouvement chaque jour jusqu'à poser les paumes par terre.

Ce mouvement peut être fait à n'importe quel moment de la journée, par exemple en s'enfermant dans les toilettes quelques minutes quand elle est au bureau. C'est un mouvement qui détend et délasse.

Quelques abdominaux

Couchée sur le lit, bien à plat, elle lève le buste, mains croisées derrière la nuque, et va toucher la pointe des pieds du bout des doigts, dix fois au moins, vingt quand elle a du courage.

Si elle ne dispose que de peu de temps, elle ne fait que les mouvements de la tête et du cou. Ce sont les plus importants.

Soleil

La coquette entretient avec le soleil des rapports conflictuels.

Elle aime le soleil et la chaleur, les pays chauds et l'incomparable bien-être qu'on y goûte.

Elle aime dans les pays chauds la lumière, les odeurs, la flore, la sieste et les longues soirées, les repas pris dehors, les bains d'eau de mer tiède.

Mais elle sait aussi que le soleil est le pire ennemi de sa peau. Voilà pourquoi jamais on ne verra une coquette raisonnable prendre un bain de soleil.

Les vieilles à la peau tannée, racornie comme du vieux cuir, n'ont pas été des coquettes raisonnables, et les jeunes femmes couleur pain d'épices ne le sont pas non plus.

A s'exposer au soleil on est sûr de s'abîmer la peau rapidement et on risque très sérieusement de développer plus tard des cancers qui vont du bénin au grave.

C'est donc à l'ombre qu'elle jouit de la chaleur, sous une pergola, une paillote, un parasol ou un chapeau à larges bords.

Cependant, elle sait aussi que sur un corps en mouvement un peu de soleil est bon à prendre. Il fixe le calcium et vient à bout de certains érythèmes grumeleux qu'on voit quelquefois aux bras des jeunes filles. Aussi quand elle marche ou qu'elle pratique un exercice, elle prend soin de s'enduire soigneusement toutes les parties du corps susceptibles de recevoir les rayons du soleil d'une crème solaire à très haute protection qui permet un hâle rosé, léger et inoffensif.

Les crèmes : Écran total de Galénic, Lutsine et Onagrine. En pharmacie et dans les rayons « Hygiène » des Grands Magasins.

Quelques remèdes

Quelques remèdes vendus dans toutes les bonnes pharmacies, sans ordonnance et sans contre-indications, soignent gentiment les petits maux, à peu de frais.

Le liniment oléo-calcaire
Vieille préparation à base d'huile d'olive. Calme les irritations, les démangeaisons et les meurtrissures aux endroits les plus sensibles. Peut également s'utiliser comme démaquillant pour celles qui ont une peau très sèche. Demande à être bien rincé.

Le Dacryoserum
Pour se laver les yeux le matin. Nettoyant et adoucissant.

Les Gouttes bleues Innoxa
Font briller les yeux et calment les irritations légères.

L'alcool camphré
Indispensable pour dessécher les petits boutons qui apparaissent sur le visage. Très agréable en friction au gant de crin, pour se délasser et décontracter les muscles fatigués.

Le talc pur
Efficace pour calmer les démangeaisons et ralentir la transpiration des pieds.

La crème Rapp
En friction sur les jambes. Favorise la circulation et graisse la peau. Particulièrement recommandée aux marcheuses. Soulage la douleur en cas de coups légers.

L'eau de Botot
On n'a rien fait de plus agréable en matière de bains de bouche. Quelques gouttes dans un verre d'eau tiède, matin et soir, après le brossage des dents.

Quinine Pinaud ou Bay Rhum
Lotions capillaires en général utilisées par les messieurs et adoptées par la coquette pour leur efficacité et leur bonne odeur.

Alcool iodé décoloré
En friction sur les ongles des pieds et entre les orteils. Fortifie et tient à l'abri des champignons qui se développent dans les chaussures où les pieds sont trop serrés et macèrent. Utile surtout à la mauvaise saison.

Coton hydrophile
Elle l'achète en pharmacie et ne prend que la meilleure qualité, nécessaire pour les nombreux usages qu'elle en a. Le bon coton est beaucoup plus absorbant et plus doux que ceux qu'on trouve dans les grandes surfaces.

Le bicarbonate de soude
Ses nombreux usages ont déjà été largement évoqués.

Comme elle a ses fournisseurs, la coquette raisonnable a ses médecins.

Elle leur fait confiance et elle leur est fidèle

pour qu'ils la connaissent bien, qu'ils l'aiment et qu'ils s'occupent bien d'elle.

Ils sont au nombre de quatre. Pour le tout venant, un généraliste qu'on appelait autrefois du doux nom de « médecin de famille » ; un gynécologue qu'elle voit au moins une fois par an à titre préventif ; un dermatologue ; un dentiste, déjà cité plus haut.

Elle a aussi un pédicure attitré qui soigne ses pieds malmenés par les jolis souliers, car, à l'inverse des mains, il est impossible de bien se soigner les pieds seule.

Amour
et
bonne
santé

La coquette raisonnable a des enfants. A partir d'un certain âge, et ma foi, assez tôt, avant la trentaine, on n'est pas vraiment femme si l'on n'est pas mère. Les hommes, les vrais, ne s'y trompent pas.

De même que la vie amoureuse, la maternité, à condition qu'elle ne soit pas accablante, est un facteur d'épanouissement de la personne. Elle est donc bonne pour la beauté.

Les femmes sans enfants, comme celles sans amour, ont tendance à se dessécher. C'est mauvais pour l'aspect général.

Amour et maternité sont les conditions majeures d'une hygiène véritable.

La frustration est incompatible avec la bonne santé.

L'appétit de vivre de la coquette raisonnable n'est pas près d'être rassasié, il l'emporte sur les tristesses de la vie et les attentes troubles de l'âme.

Pour l'équilibre encore, et conséquemment pour la bonne santé, elle préconise, indépendamment des risques épidémiques, et de la morale de chacun, une seule relation amoureuse à la fois. C'est préférable pour le bon développement de la relation en question, cela peut conduire à un amour durable et évite en tout cas les complications et les soucis désastreux pour le moral, et qui auraient, à coup sûr, des effets nocifs sur le physique.

Pour les mêmes raisons, elle ne saute pas d'un amour à l'autre.

La coquette raisonnable aime l'ordre et l'harmonie. Elle se charge de mettre quand il le faut un soupçon de désordre d'un joli effet, sans toutefois menacer l'équilibre général des choses.

La coquette raisonnable n'est pas masochiste, encore moins sadique et, quand il lui arrive d'être perverse, c'est toujours dans des limites tout à fait acceptables par l'autre, histoire de mettre du piquant dans la vie quotidienne.

Si par mégarde elle succombe à la passion, ce qui arrive au moins une fois par vie de coquette, elle met tout en œuvre pour passer sans trop de douleurs du brasier au feu de braises qui lui tiendra bien chaud les soirs d'hiver. C'est faisable.

S'agissant des sentiments, sans être exagérément prudente, elle n'est pas risque-tout. Elle a appris que, dans ce domaine, les trois quarts du temps, les femmes, plus que les hommes peut-être, demandent l'impossible, d'où déception, mauvaise pour l'état général.

Jeune, comme tout le monde, elle demande l'impossible ; ensuite, elle continue d'être coquette, mais modère ses exigences. C'est là qu'elle devient raisonnable, sauf devant une paire de chaussures.

La coquetterie élevée au rang de règle est un moyen parmi d'autres d'exister.

Table

Toilettes grandes et petites et soins particuliers

Vêtements, souliers et accessoires

Hygiène et exercices

Amour et bonne santé

DR, p. 13, 16, 26, 34, 39, 43, 45, 48, 63, 64, 75, 83, 92, 95, 112, 114, 116, 119, 120, 123, 126, 136, 140, 146, 148, 149, 150, 151, 158, 172, 173, 184 – P. Iribe, Bibl. Forney, p. 20, 30, 33, 87, 99, 175 – M. Salzedo, Bibl. Forney, p. 23 – Affiches de Wilquin, Bibl. Forney, p. 28, 36, 46, 77, 79, 90, 128, 134, 137, 141, 154, 169, 176, 177 (détail) – Coll. Viollet, p. 42, 51 – Bibl. des Arts décoratifs, photo J.-L. Charmet, p. 55 – © Martin Breese, Retrograph Archive, Londres, p. 58, 76 – Dessin de Fabiano, Bibl. des Arts décoratifs, photo J.-L. Charmet, p. 67 – Photo J.-L. Charmet, p. 70 – DR, p. 130 – Illustrations de Reynaldo Luza, Bibl. Forney, p. 89, 110, 134, 160 – Boldoni, ND – Viollet, p. 143, 164 – Affiche de Pal, Coll. Viollet.

RÉALISATION : ATELIER P.A.O. ÉDITIONS DU SEUIL
IMPRESSION : MAME IMPRIMEURS À TOURS.
DÉPÔT LÉGAL : OCTOBRE 1992. N° 17723 (28893).